# saramago

BIOGRAFIA

# saramago
## BIOGRAFIA

João Marques Lopes

1ª reimpressão

LeYa

*Preparação de texto:* Alessandra Miranda de Sá
*Revisão:* Tulio Kawata e Luiz Cardoso
*Diagramação:* Ricardo Nakamiti
*Capa:* Retina 78
*Imagem da capa:* Getty Images

Dados internacionais de catalogação na publicação (CIP-Brasil)
Ficha catalográfica elaborada por Oficina Miríade, RJ, Brasil.

S243 Lopes, João Marques, 1969-
Saramago – Biografia / João Marques Lopes.
– São Paulo : Leya, 2010.
248 p.

Cronologia: p.[223]-242.
Bibliografia: p. [243]-246.
ISBN 978-85-62936-29-6.
1. Saramago, José, 1922-. 2. Biografia.
3. Escritores portugueses – biografia. I. Título.

CDD-928.69

2010

TEXTO EDITORES LTDA.
[Uma editora do grupo Leya]
Av. Angélica, 2163 - conj. 175/178
01227-200 - Santa Cecília - São Paulo - SP
www.leya.com

# Sumário

# 1. O menino pobre (1922-1933)

## O PAÍS E A FAMÍLIA

Entre 1968 e 1972, Saramago escreveu diversas dezenas de crônicas para o diário *A Capital* e o semanário *Jornal do Fundão*. Em algumas, como "Retrato de antepassados", "Molière e a *Toutinegra*" ou "Carta para Josefa, minha avó", incidia particularmente na memória da genealogia e da infância. O bisavô berbere que carregava a mancha de um crime sangrento. O avô posto na roda da Misericórdia e guardador de porcos, que casara com a jovem mais bela da aldeia. A casa de chão de terra batida dos avós maternos, camponeses humildes e analfabetos numa aldeia perdida no meio do Ribatejo. A água-furtada de um sexto andar lisboeta onde vivia com os pais e havia apenas dois livros: um guia de conversação de português-francês e a *Toutinegra do moinho*, de Émile de Richebourg, ambos pertencentes a outra pessoa.

Tudo isso tornou-se público pelas mãos de José Saramago e serve hoje de fonte incontestável para situar sua entrada na vida entre os desfavorecidos da sociedade portuguesa. O próprio país era ainda essencialmente agrícola, rural e atrasado. Em 1930, quando o menino já tinha oito anos, apenas um quinto dos portugueses habitava os centros urbanos, e metade da população era ativa na agricultura, contra somente um quinto na indústria e um quarto na área de comércio e serviços. A maioria do quase 1,3 milhão dos que trabalhavam na agricultura era constituída por pequeníssimos proprietários ou assalariados que viviam com grandes dificuldades. A taxa de analfabetismo andava em torno de assustadores 61,8%. A de mortalidade infantil situava-se em 143,6 por mil, e a expectativa média de vida era apenas de 47 anos. Lisboa e Porto, com cerca de 600 mil e 230 mil habitantes, respectivamente, funcionavam como centros urbanos de atração dotados de indicadores demográficos, sociais e econômicos mais favoráveis. Contudo, não alteravam o retrato mediano de um país desolador e também incorporavam toda espécie de problemas. Nele cresceu essa criança.

"O aniversário da Proclamação da República brasileira foi ontem festivamente comemorado em Lisboa e nas províncias." "Portugal e Brasil, a celebração literária da glória da raça, em uma homenagem aos dois maiores representantes das letras portuguesa e brasileira: Guerra Junqueiro e Coelho Neto." "Os terremotos no Chile."

"Vítimas do 19 de outubro." Tais eram os cabeçalhos de *O Século* e *Diário de Notícias*, em 16 de novembro de 1922, data em que o segundo filho de José de Sousa, jornaleiro, e Maria da Piedade, dona de casa, veio ao mundo, na rua da Lagoa, situada na aldeia da Azinhaga, conselho ribatejano da Golegã. Por estar trabalhando fora, o pai só veria o menino um mês depois, e ele seria oficialmente registrado na Conservatória do Registo Civil da Golegã em meados de dezembro como tendo nascido em 18 de novembro, de maneira que se evitasse uma multa por declaração de nascimento fora do prazo. A esse erro intencional acrescia-se um outro, que passou despercebido e seria descoberto apenas quando a criança precisou ser matriculada na escola, no antigo primário. Trata-se do conhecido pormenor de alteração do nome, mas não nos adiantemos mais por enquanto.

Muito provavelmente, pais, familiares e toda a aldeia estariam mais ou menos alheios aos acontecimentos que a imprensa registrava; talvez nem tivessem o mais remoto conhecimento dos ecos da "noite sangrenta" que em 19 de outubro de 1921 levara ao assassinato de vários ministros do governo republicano e em nome de cujas viúvas o *Diário de Notícias* anunciava repartir uma contribuição monetária provinda da comunidade lusa de Macau, mas por certo as dificuldades econômicas dos jornaleiros e das mulheres circunscritas às tarefas domésticas pela fraca taxa de funcionários do sexo feminino no trabalho assalariado faziam parte do cotidiano da maioria. A migração para Lisboa e Porto era o caminho que muitos aldeãos pobres tomavam para procurar amenizar tais dificuldades. E foi igualmente esse o caminho que os pais do recém-nascido viriam a seguir quando ele não tinha ainda dois anos; ao que parece, motivados não só pelas razões econômicas de costume, mas também pelo desejo de viver em paragens mais desenvolvidas que o pai conhecera na sequência de sua passagem pela França como artilheiro das forças expedicionárias portuguesas que haviam participado da Primeira Guerra Mundial.

A mudança da família para Lisboa efetuou-se por partes e levava certo traço de mobilidade social, pois José de Sousa conseguira um emprego na Polícia de Segurança Pública. Entre o fim de 1923 e o começo de 1924, ele se mudou primeiro. Depois, na primavera de 1924, seguiram-no a esposa e os dois filhos.

Contudo, essa mudança seria rapidamente manchada por uma tragédia irremediável. No quarto volume dos *Cadernos de Lanzarote*, de 1996, José Saramago se referiria várias vezes ao infausto evento: no fim do ano, mais especificamente em 22 de dezembro de 1924, seu irmão e primogênito da família morreria de broncopneumonia. Contava apenas quatro anos. O escritor veria nessa tragédia a causa de certa secura que a mãe lhe dispensaria durante a infância, chegando mesmo a ponto de renegar os beijos que lhe pedia e de compará-lo desfavoravelmente com o irmão falecido em tenra idade.

## ENTRE LISBOA E AZINHAGA

Em algumas das crônicas de *A Capital* e do *Jornal do Fundão*, nos diários dos *Cadernos de Lanzarote* e em *As pequenas memórias*, José Saramago foi disseminando elementos acerca da infância e adolescência. Da escola e das suas leituras. Das sucessivas casas lisboetas onde viveu — uma dezena entre os dois e os catorze anos — e das atrações da grande cidade. Das viagens a Azinhaga com o rio Almonda, as oliveiras, os freixos, os choupos, as matas, os avós maternos e os animais.

Durante o período em que viveu com os pais, até aos 21 anos, Saramago passou por dez casas diferentes em Lisboa. Até 1937, quando por fim alugaram um pequeno andar independente no número 11 da rua Carlos Ribeiro, em Penha de França, havia morado sempre em partes de casas, junto com outras famílias; por exemplo, com os Barata, que eram dois irmãos casados, com os respectivos filhos. Na Quinta da Perna de Pau, em Picheleira, onde só residiu alguns meses em 1924. Na rua E do Alto do Pina (hoje rua Luís Monteiro), cujas lembranças seriam desagradáveis por nela estarem morando na ocasião do falecimento do pequeno Francisco. Na rua Sabino de Sousa e na Carrilho Videira. Na rua dos Cavaleiros, de que guarda recordações por, entre outras coisas, ter começado a frequentar salas de cinema com o amigo Félix Barata. Na rua Fernão Lopes, onde parece ter vivido entre 1929 e 1933. Na rua Heróis de Quionga, que é a casa onde está morando quando estuda no Liceu Gil Vicente, nos anos letivos de 1933-1934 e 1934-1935.

Outra vez na Carrilho Videira, antes de nova mudança, agora para a rua Padre Sena Freitas, que parecem ter sido ambas moradas de curta duração e antecederam a instalação mais prolongada da família numa casa só dela. Nesta, como já citamos, no número 11 da rua Carlos Ribeiro, em Penha de França, viverá entre 1937 e 1944, saindo de lá apenas por ocasião de seu casamento com Ilda Reis. Em todas elas, sempre a mesma geografia física e social da Lisboa popular e proletária. Provavelmente, sempre a ausência de sistemas de esgotos modernos que lhe dariam inspiração para as cenas que descreveria muito mais tarde em *Manual de pintura e caligrafia*, por exemplo, a de alguém que leva uma bacia com excrementos tampada com uma toalha; além de certo traço de indiferença em face do catolicismo, que aos pais não parecia interessar além do vago senso civilizacional comum à maioria da população e a cuja catequização mais séria uma família com a qual esteve em relação de vizinhança algum tempo pretendeu submetê-lo, porém sem sucesso.

Desde cedo, segundo ele desde os seis anos, começou a ir ao cinema. No "Piolho", como era conhecido o Salão Lisboa, situado na Mouraria, via sobretudo filmes de terror. No Animatógrafo, na rua do Arco da Bandeira, divertia-se com as comédias. Carlitos, Buster Keaton, O Gordo e o Magro. Mais tarde, já no tempo do liceu, os cartazes do Salão Oriente e do Royal Cine iriam lhe despertar a imaginação para longos enredos contados aos colegas com base em filmes que não vira. Por vezes, ia ao teatro. A essa altura, em particular ao Parque Mayer: "Minha primeira memória forte de teatro é a Irene Isidro, por volta de 1932 ou 1933, toda vestida de branco, de calças, cantando 'Marlene' numa revista". Enfim, eram os divertimentos da grande cidade como estímulo ao jovem Saramago.

Por outro lado, as temporadas longas e recorrentes na aldeia natal, na "casa de telha vã e chão de terra batida" da avó Josefa e do avô Jerónimo, impregnaram-no de vivências e imaginário rurais. Pés descalços. Banhos nu nas águas límpidas do Almonda. Passeios solitários nos olivais e nas matas densas. O cimo das árvores conquistado a custo, com a lezíria embaixo, a se perder no horizonte. O trabalho de deslocar coelhos, de mudar a palha e ajudar na criação dos porcos. Os porquinhos no meio da cama dos avós se aquecendo; os caminhos campo adentro com o tio e os porcos rumo à feira de Santarém; a atmosfera humilde dos camponeses e pastores, de que ele também provinha. Tudo isso deixaria vestígio na memória e na escrita de Saramago.

Nas crônicas para a imprensa. Nos *Cadernos de Lanzarote*.

Nas páginas de *As pequenas memórias*, como nesta passagem:

> Olho de cima da ribanceira a corrente que mal se move, a água quase estagnada, e absurdamente imagino que tudo voltaria a ser o que foi se nela

> pudesse voltar a mergulhar a minha nudez da infância, se pudesse retomar nas mãos que tenho hoje a longa e úmida vara ou os sonoros remos de antanho, impelir, sobre a lisa pele da água, o barco rústico que conduziu até às fronteiras do sonho um certo ser que fui e deixei encalhado algures no tempo.

Contudo, pouco fazia prever que tais experiências rurais e urbanas dos verdores da vida, comuns a muitos outros jovens da época, viessem a ganhar foros de literariedade. Os recursos econômicos dos pais e da família eram escassos. A mãe era analfabeta e boa parte dos outros parentes próximos também. Leituras, livros e cultura estavam longe dos meios onde se movia. No entanto, a escola haveria de contrabalançar isso e forjar a primeira argamassa de um futuro inesperado.

## A ESCOLA PRIMÁRIA

Na década de 1930, quando Saramago fez sua formação escolar, o país apresentava indicadores educativos bastante deficitários. No começo da década, como dissemos, a taxa de analfabetismo era de 61,8%, e acrescente-se que apenas 34% das crianças entre os sete e os catorze anos estavam alfabetizadas. Em média, ao longo da década, dificilmente haveria mais que 50 mil alunos por ano nos liceus e nas escolas técnicas, pois em 1940 os números oficiais indicavam 74 mil inscritos após uma década de crescimento contínuo. As universidades contavam certamente com bem menos que uma dezena de milhares de privilegiados, alcançando, também em 1940, o número ridículo de 9 mil matriculados.

Portanto, e não obstante as dificuldades socioeconômicas da família, a criança pôde seguir caminhos que estavam até então vedados à maioria da população. Chegaria mesmo a completar o equivalente ao atual nono ano de escolaridade, marco inatingível para a maior parte dos jovens daquele tempo.

Entre o fim dos anos 1920 e 1933, o pequeno José completou a escolaridade básica, carregando as velhas ardósias e lousas que as crianças usavam na época. Em um estabelecimento particular da rua Morais Soares, antes mesmo de entrar no ensino oficial, aprendeu as primeiras letras. Na Escola Primária da rua Martens Ferrão e na do Largo do Leão cursou desde a primeira à quarta série. Naquela, ficou apenas durante um ano letivo, o de 1930-1931. Nesta, permaneceu mais tempo e chegou a efetivar a proeza de cursar a segunda e a terceira séries num único ano letivo (1931-1932).

Na crônica "O melhor amigo do homem", Saramago apresentou pela primeira vez recordações da escola:

> [...] dos tempos da velha instrução primária oficial, com aulas da parte da manhã e feriado à quinta-feira. (Havia pouco que ensinar nessas pré-históricas eras: a pacífica análise gramatical, os bons

> exemplos da História Pátria e os volteios dos quebrados e decimais. O professor, Vairinho de seu nome, era um homem alticalvo, grave quanto bastava para acentuar a responsabilidade da sua posição de diretor, mas, ainda assim, nosso amigo e nada exagerado na disciplina.

O escritor conservou até os dias atuais o caderno de notas da quarta série, no qual esse respeitável e afável professor Vairinho avaliava diariamente as lições dos alunos. As de Saramago eram, em geral, boas: "os maus foram poucos, no máximo dois ou três, os suficientes não muitos, os bons abundaram e não faltaram os ótimos".

Outra memória associada aos idos da escola primária remonta ao próprio ato da matrícula no estabelecimento da rua Martens Ferrão e concerne ao conhecido incidente onomástico que transformou o menino José de Sousa em José de Sousa Saramago. Até a apresentação obrigatória da certidão de nascimento para efeitos de inscrição no primeiro ano ninguém tomara conhecimento de tal equívoco. Por várias vezes, o escritor explicaria o caso. Em *As pequenas memórias*, escreve:

> Que esse Saramago não era um apelido do lado paterno, mas sim a alcunha por que a família era conhecida na aldeia. Que indo o meu pai a declarar no Registo Civil da Golegã o nascimento

> do seu segundo filho, sucedeu que o funcionário (chamado ele Silvino) estava bêbado (por despeito, disso o acusaria sempre meu pai) e que, sob os efeitos do álcool e sem que ninguém se tivesse apercebido da onomástica fraude, decidiu por conta e risco acrescentar Saramago ao lacônico José de Sousa que o meu pai pretendia que eu fosse.

Com razão, o pai da criança deve ter ficado aborrecido com semelhante descoberta, visto tal nome jocoso aludir a uma espécie dc erva ruim que nasce espontaneamente nos campos e equivaler a denegrimento da família entre os vizinhos da aldeia natal.

Porém, bem mais séria para os pais de Saramago teria sido a doença que levou à internação da criança e se manteve como uma das lembranças mais antigas de Saramago. Meses antes de entrar para o ensino oficial, em abril de 1928, o menino ficou internado com rinite e angina durante oito dias no Instituto Bacteriológico Câmara Pestana. Quase setenta anos depois, o escritor relembraria o caso no segundo volume dos *Cadernos de Lanzarote*: "[...] eu no isolamento, olhando os meus pais por detrás do vidro de separação, a brincar com uma casca de banana, movendo-a como se tratasse de um abano".

Além da alfabetização na célebre *Cartilha Maternal* de João de Deus, das redações, dos exercícios gramaticais, dos verbos, das ciências ou da aritmética das aulas oficiais, a criança mostrava já certa curiosidade própria pelo mundo e pelo saber. Desde cedo habituara-se a consultar o *Diário de Notícias*, do qual pouco entendia no começo, mas graças ao qual adquiriria um costume bastante incomum e avançado para crianças de sua idade.

## A família

O avô Jerónimo e a avó Josefa. Os pais. O irmão falecido em tenra idade. Os outros avós e os tios. Sobre todos, Saramago deixaria algo escrito. Os avós maternos de fato compareceriam à cerimônia de entrega do Nobel em Estocolmo, do âmbito da memória e literariedade:

> Às quatro da madrugada, quando a promessa de um novo dia ainda vinha em terras de França, levantava-se da enxerga e saía para o campo, levando ao pasto a meia dúzia de porcas de cuja fertilidade se alimentavam ele e a mulher. Viviam desta escassez os meus avós maternos, da pequena criação de porcos que, depois do desmame, eram vendidos aos vizinhos da aldeia. Azinhaga de seu nome, na província do Ribatejo. Chamavam-se Jerónimo Melrinho e Josefa [...]. Naquela idade minha e naquele tempo de nós todos, nem será preciso dizer que eu imaginava que o meu avô Jerónimo era senhor de toda a ciência do mundo. [...] Minha avó, já a pé antes do

meu avô, punha-me na frente uma grande tigela de café com pedaços de pão e perguntava-me se tinha dormido bem. Se eu lhe contava algum mau sonho nascido das histórias do avô, ela sempre me tranquilizava: "Não faças caso, em sonhos não há firmeza". Pensava então que a minha avó, embora fosse também uma mulher muito sábia, não alcançava as alturas do meu avô, esse que, deitado debaixo da figueira, tendo ao lado o neto José, era capaz de pôr o universo em movimento apenas com duas palavras.

Os pais não foram, nesse caso, personagens fictícios e centrais de um discurso emotivo, mas a mãe analfabeta ainda teve o prazer de estar no lançamento de *Levantado do chão* e ver o início da consagração literária do filho. Há uma foto dela com o menino e o general Costa Gomes nesse lançamento. Faleceu aos 84 anos, pouco antes de Saramago publicar *Memorial do convento*. O pai foi promovido na Polícia de Segurança Pública (PSP) e ainda chegou a subchefe. Sua morte se deu em 1964, e ele nem sequer suspeitava que o filho viesse a se transformar em um dos mais renomados escritores contemporâneos. Do irmão Francisco veio a ideia para *Todos os nomes*, e as investigações para saber ao certo onde estava enterrado foram quase kafkianas, dando origem à descoberta de fatos que o escritor não sabia ou de que mal se lembrava. Dos avós paternos não deixou maiores vestígios e não parece ter guardado deles memórias afetuosas. Das tias e tios deixa uma ou outra lembrança. O tio que era guarda principal de uma herdade e nunca o deixou montar a cavalo, mas permitiu servilmente que uma menina, filha da amásia do patrão, o fizesse, e talvez tenha deixado no sobrinho humilhado a obsessão por cavalos que conserva ainda hoje. A tia Maria da Conceição, que era criada por uma família rica em Lisboa e com a qual passeava nos fins de semana.

Enfim, todos os familiares provindos do anonimato e dos humildes da história, como Mau-Tempo, Baltasar e Blimunda, Raimundo Silva e tantos outros...

# 2. O serralheiro autodidata (1934-1946)

## A Escola Industrial de Afonso Domingues

Nos anos letivos de 1933-1934 e 1934-1935, José Saramago frequentou o Liceu Gil Vicente (à época situado dentro do próprio Convento de São Vicente de Fora). Pelas suas memórias e pela documentação existente, verifica-se que a persistência do mesmo modelo de aluno aplicado e com boas notas sofreria uma inflexão no último ano. Em geral, as notas eram agora medianas, e a aprovação em matemática foi obtida *in extremis*, após dois 8 nos períodos anteriores, por generosidade do professor. Era esta uma contradição natural no percurso das crianças e sobrevinha num ano escolar que até começara de modo distinto, por Saramago ter sido eleito para o cargo de tesoureiro da associação acadêmica pelos colegas... Isso aos doze anos! Entre muitas luzes e algumas sombras, o futuro não parecia ser padrasto para um jovem com sua origem humilde e popular.

Todavia, os problemas dos pais redundariam no abandono do Liceu Gil Vicente. Os custos do curso eram elevados e a perspectiva de uma vida profissional lucrativa, muito dilatada no tempo. O ensino técnico comportava valores mais baixos (cerca de 50 escudos por ano), demorava menos e estava orientado para a entrada efetiva na vida.

Entre 1935-1936 e 1939-1940, Saramago haveria, portanto, de completar a formação na Escola Industrial de Afonso Domingues, em um tempo marcado pela Guerra Civil Espanhola. O jovem acompanhou então com interesse o desenrolar da luta entre republicanos e nacionalistas através do rádio de vizinhos e pela imprensa. Chegou a fazer um mapa onde colocava bandeiras de cores diferentes para assinalar os recuos e os avanços das forças em confronto, até que intuiu a possibilidade de estar sendo ludibriado pela informação disponível. Nada indica que entendesse em profundidade o significado social de uma luta que era entre revolução socialista e ditadura fascista, e a aversão à Mocidade Portuguesa, cujas instruções e fardamento sempre procurou evitar na medida do possível, não parece provar o contrário.

Quem sabe houvesse então um instinto de classe de quem provinha de família pouco abastada, que, apesar de o pai ser talvez já à época subchefe de esquadra, via-se na contingência de recorrer à "sopa dos pobres". Com efeito, como revelaria a respeito do que diz ser conteúdo de sua biografia secreta, Saramago deixa isso bem explícito nos *Cadernos de Lanzarote*: "[...] não foram poucas as vezes, no tempo da adolescência, que ocupei um envergonhado lugar na fila de aspirantes à sopa e ao quarto de pão que se serviam naquele atarracado e soturno edifício fronteiro à igreja dos Anjos".

O curso técnico-profissional era o de serralharia mecânica. Tinha disciplinas novas. Mecânica. Desenho de máquinas. Oficinas. E comportava também matérias comuns ao currículo do curso do Liceu, como matemática, física, química, história, francês, português e até um pouco de literatura. Porém, o eixo da formação era agora técnico. Em meio a oficinas, tornos mecânicos, desenhos em corte do carburador dos automóveis, Saramago tendia a afastar-se da formação mais humanista e generalizante proposta pela dinâmica dos liceus.

As recordações dos docentes e das aulas revelam, em boa medida, esse padrão mais técnico e manual. As aulas nas oficinas com mestre Vicentino, professor que sabia tolerar pequenas imperfeições em trabalhos como limar um pedaço de vergalhão (pedaço de ferro), mas não admitia a mínima falta de limpeza nas peças feitas pelos alunos. O ponteiro que um dia quebrou durante uma brincadeira na aula de mecânica e teve de substituir por outro, feito à mão durante cerca de duas semanas.

Os contrapontos oferecidos por matérias como português, francês e um pouco de literatura recolhida nas antologias oficiais deixaram marcas para caminhos inesperados. Em pouco tempo, o encontro com textos de escritores portugueses serviria de ponto de partida para o mundo das bibliotecas, para a descoberta de outros autores e livros que não a arrogância dos Silva Gaio antologiados na coletânea *A Nossa Terra*, organizada por José de Sousa Carmona e por meio da qual Saramago muito provavelmente teria começado a conhecer autores e obras da literatura portuguesa. Muito depois, a aprendizagem da língua estrangeira haveria de servir para a tradução remunerada de dezenas de livros, ajudando a equilibrar as finanças ou sendo até mesmo o único ganha-pão em momentos difíceis. Não eram contrapontos que indicassem propriamente formação de um escritor, mas prenunciavam um mundo diferente para um jovem com os antecedentes socioeconômicos de Saramago, cujo comportamento era tão diferente dos do seu meio, como frequentar a ópera no Teatro Nacional de São Carlos, na qual entrava por amizade de um porteiro relacionado com seu pai e em cujo lugar que lhe era reservado bem mais ouvia do que via as representações, por causa do camarote real que tapava parte do palco... Algo de diferente estava em gestação ali!

## Serralheiro mecânico

Em meados de 1940, José Saramago terminava o curso de Serralharia Mecânica. As parcas possibilidades econômicas da família dificultavam o prosseguimento dos estudos nos anos finais do secundário, e nada parecia propiciar os sacrifícios necessários rumo a um eventual curso universitário no Instituto Superior Técnico, ao qual apenas chegava uma ínfima minoria de alunos proveniente das escolas industriais. Como muitos outros jovens, o rapaz experimentava então as expectativas e atribulações próprias da transição da juventude para a vida adulta. Aguardava a entrada no mercado de trabalho. Enamorava-se.

Teria sido nesse interlúdio, entre o fim do curso e o primeiro emprego, que escreveu os primeiros versos conhecidos. Eram versos em quadra de rima pobre que mandou gravar num prato decorativo em forma de coração para oferecer à amada:

> Cautela, que ninguém ouça,
> O segredo que te digo:
> Dou-te um coração de louça
> Porque o meu anda contigo.

Chamava-se Ilda Reis. Viria a ser sua esposa durante 26 anos e mãe de sua única filha: Violante Saramago, nascida em 1947. Tal como o marido, Ilda Reis também desenvolveria uma carreira artística, tornando-se um expoente na gravura portuguesa, com exposições individuais e prêmios.

Porém, em 1941, a 10 de novembro, é contratado como serralheiro mecânico para a área de oficinas dos Hospitais Civis de Lisboa, mais concretamente em São José. Os tempos eram de guerra e escassez pelo mundo todo. Nesse dia, o *Diário de Notícias*, pró-regime, titulava: "A batalha da produção que os portugueses hão de saber ganhar", "Nove barcos mercantes e um contratorpedeiro italianos foram afundados por uma divisão naval inglesa", "Ninguém duvide de que nesta luta chegaremos a servir-nos de todos os meios possíveis — afirmou Hitler no discurso de Munique", "Racionamento de gêneros alimentícios em Elvas", "O Sporting concluiu a primeira volta à frente da classificação", "Setúbal tem já a funcionar a sua nova estação de correios e telégrafos".

Nesses idos do fascismo lusitano e do autoritarismo disseminado por uma Europa em guerra, tão pouco propícios ao movimento internacional dos trabalhadores, é precisamente a condição de operário que a vida apresentaria ao jovem Saramago. Estava às voltas com o macacão azul, as mãos sujas e sem luvas de proteção, a montagem e desmontagem dos motores dos automóveis, as marmitas rapadas no intervalo do trabalho, o magro salário de apenas 8 escudos.

Por certo, tal condição não se traduz propriamente em consciência política. Ainda está distante a opção consciente pela oposição ao salazarismo, e a atração pelo Partido Comunista Português (PCP), fora do horizonte. No entanto, o sentimento de revolta ante as miudezas e as coisas graúdas necessariamente inscritas nas desigualdades sociais deixa marcas de um certo "comunismo hormonal". Conforme haveria de relatar muitos anos depois a Zeferino Coelho, amigo pessoal e editor da Caminho, tal sentimento aflorou intensamente numa ocasião em que o jovem serralheiro mecânico estava sentado com outros colegas comendo a marmita e todos se perfilaram em sinal de respeito diante da passagem do chefe e de outro visitante, que nem sequer se incomodaram em cumprimentar a fila proletária. Apenas Saramago permaneceu sentado.

Durante mais de um ano, o cotidiano operário nos serviços industriais do Hospital de São José não sofreu nenhuma alteração. Contudo, as capacidades na escrita e os conhecimentos de matemática teriam contribuído para promovê-lo no emprego, facilitando também nesse sentido a intervenção de uma senhora, amiga de sua mãe. Passa das oficinas para os serviços administrativos, nos quais exerce função de auxiliar.

Nessa época, ainda vivia com os pais no pequeno andar independente do número 11 da rua Carlos Ribeiro, em Penha de França. Entre a casa, o emprego e as bibliotecas, o serralheiro mecânico iniciava um tímido processo de mobilidade social. Tornava-se escrevente. Estava prestes a comprar os primeiros livros — todos da coleção "Cadernos Inquérito", à época instrumento importante de divulgação cultural e generalista —, graças ao empréstimo de 300 escudos feito por um colega de trabalho. E conservava o hábito de frequentar sistematicamente as bibliotecas públicas.

## Bibliotecas

Afastado do mundo dos livros pelas origens sociais humildes, mas acercando-se do saber por intermédio da escola, José Saramago haveria de encontrar nas bibliotecas a possibilidade de desenvolver autodidaticamente sua formação para além da mera aprendizagem escolar.

Ao longo da trajetória por uma dezena de moradas na Lisboa popular e operária dos anos 1920 e 1930, os livros escassearam. Os pais e as famílias com as quais partilhavam as casas alugadas, em específico os Barata, quase não os tinham, exceto raríssimos exemplares que persistiram na memória de Saramago, como o guia de conversação de português-francês e a *Toutinegra do moinho*, de Émile de Richebourg. Em episódio comovente ocorrido quando o menino ficou acamado por doença, a mãe chegaria mesmo a percorrer a vizinhança a fim de suprir, contando com a boa vontade dos conhecidos, a falta de livros para satisfazer o filho adoentado; e trouxe-lhe vários emprestados. Até os doze ou treze anos não teve um único livro e guardaria sempre na lembrança esta ocasião:

> Numa altura em que ia para férias, para Azinhaga, onde nasci, a minha mãe foi a uma papelaria ao pé da Praça do Chile, com a ideia de que queria que o filho tivesse um livro e que o levasse quando fosse a passar as férias grandes. Entramos nisso que era meia papelaria, meia livraria — ou melhor nem entramos porque a minha timidez era grande e a da minha mãe resultava de aquele ser um mundo em que ela nunca tinha entrado. E então, como havia umas estantezinhas laterais na porta e estavam ali alguns livros arrumados, eu

> limitei-me a apontar um. Era uma coisa chamada *O mistério do moinho*, das edições Europa (vim a saber mais tarde que eram dirigidas pelo João Gaspar Simões); não me lembro como se chamava o autor.

Pelas informações de Saramago, o hábito de frequentar as bibliotecas teria se arraigado por volta dos dezesseis anos, e o lugar favorito foi indiscutivelmente a Biblioteca Municipal do Palácio das Galveias, em Campo Pequeno, inaugurada em 1931 e ainda hoje em atividade. Iria frequentá-la durante anos a fio, desde o tempo em que ainda era estudante até bem adentrada a década de 1940, quando, após o trabalho operário ou administrativo nos Hospitais Civis de Lisboa, jantava na casa dos pais a caminho das leituras noturnas. Não lia sob a orientação de ninguém e de nenhuma história da literatura que o aconselhasse, mas sim com o "mesmo espanto criador do navegante que vai inventando cada lugar que descobre".

A difícil reconstrução de tais aventuras autodidáticas entre meados das décadas de 1930 e 1940 guarda poucas certezas, mas teria em parte reforçado o que aprendera nas antologias literárias do ensino no Liceu e apresentado sobretudo novos horizontes além das letras nacionais. De algumas certezas talvez se possam fazer algumas conjecturas. A influência de Eça de Queirós, cujo lastro se faz sentir fortemente no primeiro romance que Saramago publicaria, logo em 1947. O conhecimento precoce de Fernando Pessoa e seus heterônimos. Por certo,

Camões. Provavelmente, o influxo de obras como *Húmus*, de Raul Brandão, e *Nome de guerra*, de Almada Negreiros, além de autores como o quinhentista francês Montaigne ou o inesquecível Cervantes. Talvez a influência do racionalismo das Luzes, sendo certo que, pelo menos, conheceu e leu obras de Holbach. Aparentemente, o distanciamento perante a ficção portuguesa dos anos 1940, sobretudo quanto ao neorrealismo, e o desconhecimento da tradição marxista.

Mesmo sem saber ao certo a árvore genealógica dos autores e obras das primeiras formações literárias de José Saramago, o episódio mais curioso desse período diz respeito ao encontro com o heterônimo de Pessoa, Ricardo Reis, que não ocorreu na Biblioteca Municipal do Palácio das Galveias. No terceiro volume dos *Cadernos de Lanzarote*, o escritor recordaria que

> [...] foi em Xabregas, na Escola de Afonso Domingues, que começou a escrever-se *O ano da morte de Ricardo Reis*. Um dia, numa das minhas incursões à biblioteca da escola (estava a chegar ao fim do curso), encontrei um livro encadernado que tinha dentro, não um livro como se espera que um livro seja, mas uma revista. Chamava-se *Athena*, e foi para mim como outro sol que tivesse nascido. Talvez alguma vez seja capaz de descrever esses momentos. O que certamente não conseguirei explicar é a razão por que me abalaram tão profundamente as odes de Ricardo Reis ali pu-

> blicadas [...]. Nesse momento (ignorante que eu era) acreditei que realmente existia ou existira em Portugal um poeta que se chamava Ricardo Reis, autor daqueles poemas que ao mesmo tempo me fascinavam e assustavam.

Se tal desconhecimento seria quase imperdoável entre universitários, naquela época reduzidos a uma minoria elitista, em Saramago seria desculpável tendo em vista um jovem aprendiz de serralheiro mecânico que passava boa parte do tempo lendo autodidaticamente e que, de modo inconsciente, dava passos para uma futura carreira no mundo das letras. Das bibliotecas públicas, onde lia desenfreadamente, à escrita dos próprios textos, ou até mesmo à publicação deles, não levaria muito tempo. Entre 1944 e 1946, datilografaria, pelo menos, 44 poemas, que são inéditos e conservam-se em seus arquivos. Em 1947, sai *Terra do pecado*, primeira obra publicada.

## O ano de 1936

Um dos materiais preparatórios mais interessantes de *O ano da morte de Ricardo Reis* é uma agenda de 1983 adaptada para registrar dados e acontecimentos de 1936, o qual foi reconstruído por Saramago com base em consulta aos jornais *O Século* e *Diário de Notícias* — e, é natural, nas memórias de suas vivências à época. Eis uma amostra seletiva e adaptada desse método de trabalho de Saramago retirada essencialmente do mês de janeiro:

> Saint-Exupéry partiu do aeródromo Le Bourget no dia 30. Sementeiras perdidas no Ribatejo por causa das cheias. Temperaturas: 14, 6-12, 00. Morreu Leonardo Coimbra. Leopoldo III da Bélgica pensa que os alemães e os polacos atacarão na primavera. A Alemanha prepara-se para exigir colônias. 5ª edição da *Pátria Portuguesa* de Júlio Dantas. Tempo instável. Peito impecável (em 3 a 5 semanas). *Almanaque Bertrand* custava 10$00 (384 páginas). Em novembro, morreram nas cidades capitais de distrito 2.492 indivíduos, dos quais 774 tinham menos de cinco anos. Distribuição de sopa aos pobres do Lumiar. 5ª edição de *A selva* de Ferreira de Castro. Inundações e estragos em Lisboa. Aprovado o projeto de Estatutos da Ordem dos Engenheiros. Hitler: "Saiba o mundo que a Alemanha será pacífica e amará a paz...".

A respeito do dia 18 de julho, data da sublevação fascista contra o governo republicano espanhol, Saramago anota: "Correm boatos em Madri de que se registaram incidentes em vários pontos do país, especialmente na região de Ceuta". E a 9 de setembro registra assim os acontecimentos que depois sofreriam a devida transformação ficcional e encerrariam *O ano da morte de Ricardo Reis*: "Revolta dos marinheiros no dia 8 ao alvorecer nos barcos de guerra *Dão*, *Bartolomeu Dias* e *Afonso de Albuquerque*, organizada pela Organização Revolucionária da Armada (ORA). Foram mortos 10 marinheiros, 60 foram condenados a penas somando 600 anos de prisão e deportados para o Tarrafal. Falar com o João Francisco Brota. Fotocópias *Século*, p. 1, 2, 4, 5".

No *site* da Biblioteca Nacional de Lisboa, a agenda encontra-se inteiramente digitalizada na Colecção José Saramago, que integra uma série de documentos que o autor doou em 1994.

# 3. *Terra do pecado* e o silêncio (1947-1965)

## O romance da juventude

Com efeito, 1947 é o ano em que Saramago termina e publica seu primeiro romance. Sem relações nem nome nos meios literários, envia o texto para a editora lisboeta Parceria António Maria Pereira, mas quem acabaria por publicá-lo seria a Editorial Minerva, após caminhos sinuosos que nem mesmo Saramago poderia imaginar.

O diretor da Minerva, Manuel Rodrigues, colocou ao escritor principiante duas condições. O título do livro não podia ser *A viúva*, pois era pouco apelativo. Não haveria lugar para direitos autorais. De acordo com tais condições, sairia então *Terra do pecado*.

Era um romance que estava centrado no amor proibido entre uma jovem proprietária ribatejana que enviuvara e seu cunhado. Na débil resistência ao apelo dos sentidos, Maria Leonor quase faz sexo com ele, acaba por se envolver com um médico bem mais idoso que ela e sofre a chantagem da velha criada da família, intransigente quanto ao respeito à memória do defunto. Afastado o cunhado e morto o médico em acidente, Leonor fica sozinha no final do enredo.

Pela sobredeterminação fisiológica da personagem central, pelas várias passagens em que ressoa evidentemente a filosofia spenceriana e pela intertextualidade que liga a personagem da criada à conhecida figura de Juliana no romance queirosiano *O primo Basílio*, o romance de juventude de José Saramago incorria no anacrônico estilo da literatura naturalista-realista da segunda metade do século XIX.

Na realidade, que saída tinha esse romance numa década em que o panorama ficcional era claramente marcado pelo neorrealismo? Depois do marco inaugural de *Gaibéus* (1939), Alves Redol publicara, entre outros, os romances *Avieiros* (1942), *Fanga* (1943) e *Porto Manso* (1946). Soeiro Pereira Gomes publicara *Esteiros* (1941), Manuel da Fonseca dera à estampa *Cerromaior* (1943), e Fernando Namora, a *Retalhos da vida de um médico* (1949). O próprio Vergílio Ferreira estava ainda dentro dessa tendência com *Vagão J* (1946). Não se situando no materialismo dialético e histórico em que se assentava esse neorrealismo, e sendo igualmente alheio ao psicologismo inscrito na ficção dos "presencistas", de que Régio dava agora novos exemplos em *História de mulheres* (1946) e no início do ciclo de *A velha casa* (1945), *Terra do pecado* estava, portanto, deslocado das tendências narrativas então dominantes e passou quase sem deixar rastro.

Em entrevista concedida ao *Jornal de Letras, Artes e Ideias* de 26 de março de 1997, Saramago recordaria que o primeiro romance vendeu pouco, teve algumas críticas razoáveis a salvo de qualquer negativismo e "acabou onde devia acabar: nas velhas e simpáticas padiolas, onde a gente encontra tanta coisa boa. Não quer dizer que este fosse o caso". Suprimida da bibliografia saramaguiana até a segunda metade da década de 1990, desautorizada de reedição até a edição comemorativa de 1998 e praticamente ignorada nos estudos sobre o autor até então, *Terra do pecado* vale hoje mais como exercício de escavação arqueológica no passado do escritor do que propriamente por razões de história literária, ainda que sua arquitetura geral e estilo estivessem longe de ser uma tolice artística.

Contudo, o jovem Saramago ficou bastante animado com a publicação do primeiro livro. Entre 1947 e 1953, escreveria profusamente. Romances, contos, peças de teatro e poemas. Vários contos foram publicados em jornais e revistas importantes da época, como o *Diário de Lisboa* ("Morte do homem", na edição de 28 de dezembro de 1950), a *Vértice* ("O heroísmo cotidiano", na edição de julho de 1953) ou a *Seara Nova*. Finaliza o romance *Claraboia* e desenvolve outros como *O mel e o fel* e *Os emparedados*, que permaneceriam inacabados. Redige igualmente peças de teatro, conservando-se em seu arquivo manuscritos e textos datilografados dos inéditos "Quase uma ressurreição", "Retrato do natural" e "Diálogos de Deus e do Diabo".

Antes da recente exposição "José Saramago: a Consistência dos Sonhos. Cronobiografia", no Palácio da Ajuda, e da equivalente espanhola na Fundação César Manrique (Lanzarote), tais dados eram praticamente desconhecidos. Apenas sabia-se que, após *Terra do pecado*, o jovem autor tinha entregue *Claraboia* à Empresa Nacional de Publicidade por intermédio de um amigo pintor — hoje é conhecido que isso deve ter ocorrido em 1953 — e que nunca obtivera resposta, pelo menos até o momento em que, sendo já autor célebre e passados cerca de quarenta anos, a empresa reencontrou o original e lhe comunicou a intenção de publicá-lo. Obviamente, Saramago recusou a proposta, pois esse outro romance da juventude nada poderia acrescentar à sua obra depois de *Memorial do convento* ou de *O ano da morte de Ricardo Reis*.

Embora não elimine o fato de que entre o primeiro romance efetivamente publicado e *Os poemas possíveis* (1966) haja um hiato de quase vinte anos em que nenhum livro seu é publicado, esse conjunto de novas informações vem relativizar o exaustivamente discutido tópico do silêncio da produção literária saramaguiana no período em questão.

## O escrevente no tempo da repressão

Com anterioridade e em paralelo à atividade literária, o jovem Saramago cuida da estruturação familiar e profissional. Em 1944, havia se casado com Ilda Reis, à época datilógrafa nos Caminhos de Ferro de Portugal. Em 1947, tivera a primeira e única filha, Violante. Transitara de serralheiro mecânico a funcionário administrativo nos Hospitais Civis de Lisboa, e, dali, para escriturário na Caixa de Previdência do Pessoal da Indústria Cerâmica.

O escrevente era assíduo, pontual e rigoroso. A imaginação criadora voltada à escrita não parecia desviá-lo do cumprimento da rotina laboral cotidiana. A leitura da revista *Seara Nova* e uma emergente conscientização política de oposição ao regime não seriam propriamente algo que viesse a desencadear contra si atos de represália por parte dos zelosos meios simpatizantes do salazarismo. Não assinara nada comprometedor nem participava de nenhum grupo ou partido.

Contudo, a agitação popular instaurara-se. No contexto do fim da Segunda Guerra Mundial, dera-se a unificação de toda a oposição democrática no Movimento de Unidade Democrática (MUD), e o ímpeto democratizador culminara na grande campanha popular em torno da candidatura do general Norton de Matos às eleições presidenciais de 1949 (houve mesmo comícios com 100 mil pessoas no Porto). A ditadura leva tempo a se recompor, mas a guerra fria lhe dá maior margem de manobra. O país participa da fundação da OTAN, adere ao Plano Marshall e negocia a base das Lajes com os Estados Unidos. A repressão se intensifica. O regime recusa as chamadas "condições mínimas" da oposição democrática para as eleições presidenciais (liberdade de propaganda, recenseamento eleitoral transparente e fiscalização da votação pelos oposicionistas), Norton de Matos desiste e são dadas ordens de prisão, entre elas, a de Álvaro Cunhal.

E foi precisamente na ressaca repressiva de toda essa agitação que o jovem escrevente exemplar acabou por sofrer na pele o revanchismo dos pequenos déspotas fascistas espalhados por todo lado. No quarto volume dos *Cadernos de Lanzarote*, nas anotações relativas a 28 de maio de 1996, José Saramago explicaria esse caso:

> [...] quando, na sequência da campanha presidencial de Norton de Matos, me demiti, antes que fosse demitido da Caixa de Previdência onde trabalhava. Um certo Dr. Góis Mota, ajudante da Procuradoria-Geral da República, comandante da Brigada Naval da Legião Portuguesa e "fiscal" do comportamento político dos empregados da Caixa, de que era assessor jurídico, instaurou-nos, a mim e a outro colega, uma caricatura de processo disciplinar, durante o qual me disse que se os meus camaradas tivessem ganho ele estaria pendurado num candeeiro da Avenida... A minha culpa visível tinha sido, simplesmente, a de não acatar a ordem de que todo o pessoal deveria concentrar-se, no dia da eleição, à porta da seção de voto do Liceu de Camões, porque ele, Góis Mota, segundo dizia, requerera e tinha em seu poder as certidões de eleitor de todos nós, de modo a que pudéssemos ir votar a uma seção que não fosse a nossa. O

> legionário Góis Mota, ajudante do Procurador da República, estava a mentir: votei na Graça, como devia, e ninguém me disse que, por ter sido passada certidão de eleitor, não podia votar ali. (Na eleição seguinte o meu nome deixaria de constar dos cadernos eleitorais...)

Valeu então a Saramago o auxílio de um antigo professor de matemática e mecânica do tempo da Escola Industrial de Afonso Domingues. Com efeito, Jorge O'Neill era agora administrador-delegado da Companhia Seguradora Previdente e tomara as providências necessárias para assegurar um emprego ao ex-aluno nos escritórios da companhia. Portanto, pouco depois de se demitir para não ser demitido do trabalho anterior, o jovem escritor estava novamente entregue a fastidiosas tarefas burocráticas, calculando e recalculando abonos, pensões e outras miudezas. Por deslocadas e contraditórias que fossem com os seus trabalhos literários, eram tais tarefas que garantiam o salário ao fim de cada mês. Trabalharia no novo emprego entre 1950 e 1959.

Entretanto, o afastamento da produção literária mais intensa a partir da frustrada tentativa de publicar *Claraboia* e do abandono do projeto de vários romances que tinha em mãos desde os fins da década de 1940 teria um contraponto inesperado. Ainda que avesso a frequentar rodas e tertúlias literárias, o escrevente acabaria por se relacionar com figuras das letras graças ao amigo Humberto d'Ávila, que o levaria a se juntar aos conhecidos no Café Chiado, onde o próprio Saramago costumava ir com um grupo de amigos e no qual alguns escritores neorrealistas e afins se reuniam.

## NA EDITORIAL ESTÚDIOS COR

A história do percurso que conduziu Saramago ao trabalho nessa editora teve um início bastante curioso. Em certo dia de meados da década de 1950, o escrevente estava tranquilamente tomando café quando, de repente, um desconhecido acercou-se dele com um convite inesperado:

— Tenho aqui dois bilhetes para o recital do Pierre Fournier, no São Carlos. Quer aproveitar?

O desconhecido era Humberto d'Ávila — crítico musical —, e começava assim uma amizade que depressa o levaria a conhecer antifascistas proeminentes como Fernando Piteira Santos e escritores como José Gomes Ferreira, Augusto Abelaira ou Carlos de Oliveira, que costumavam se reunir no Café Chiado. Na roda de novos conhecidos a que Ávila lhe dera acesso estava também Nataniel da Costa, que era diretor literário da Editorial Estúdios Cor. E dali viria a inesperada reentrada de Saramago no mundo das letras, do qual se afastara havia pouco tempo devido à decisão de abandonar os projetos que tinha em andamento.

A rigor, tal afastamento não deve ter superado um curto período de dois anos — mais ou menos entre a debandada da produção de textos ficcionais, dramáticos e poéticos do período 1947-1953 e a recente colaboração com a Editorial Estúdios Cor, iniciada em 1955. De resto, é também nesse ano que Saramago começa a atividade de tradutor. Portanto, a "carreira" literária transitava agora de autor para colaborador editorial e tradutor.

Entre 1955 e parte de 1959, Saramago trabalha na editora apenas parte do tempo, pois sua atividade principal continua a ser a de funcionário administrativo da Companhia Seguradora Previdente. A princípio, as tarefas são relativamente secundárias. Faz a produção dos livros. Escreve pequenas notas nas orelhas. Por vezes, aproveita o talento com o desenho — até hoje pouco conhecido — para ilustrá-las. Outras vezes, sobretudo a partir de 1958, faz traduções.

Em 1959, Nataniel da Costa, diretor literário da editora, é nomeado para um posto do Ministério dos Negócios Estrangeiros na França e decide promover Saramago. Convida-o a assumir em parceria com ele a direção literária da Editorial Estúdios Cor, transformando-o em uma espécie de representante seu em Lisboa. Saramago abandona por fim a Companhia Seguradora Previdente e se dedica inteiramente ao novo posto de diretor literário, no qual permanecerá de 1959 a 1971 e sempre em contato com Nataniel da Costa. No espólio que Saramago doou à Biblioteca Nacional em 1994 encontram-se 43 cartas trocadas entre ambos nesse período.

Torna-se conhecido no mundo das letras e da cultura. Troca correspondência e mantém relações profissionais (às vezes até mesmo de amizade) com parte significativa das mais importantes figuras literárias de então, como os "exilados" Jorge de Sena, Adolfo Casais Monteiro e José Rodrigues Miguéis, ou os residentes Urbano Tavares Rodrigues, Fernando Namora e José Gomes Ferreira.

Entretanto, prosseguia na atividade de tradutor. Inicialmente traduziu obras para as Publicações Europa-América (entre 1955 e 1958, verteu seis livros do francês para o português) e, depois, com exclusividade para a própria editora (entre 1958 e 1968, traduziu cerca de quinze livros publicados pela Editorial Estúdios Cor). Embora tenha traduzido nesses anos obras de ficção de Guy de Maupassant, Colette e Erich Maria Remarque, que poderiam ter dado alguma contribuição à reformulação como escritor, a maioria das traduções resultava de razões da conjuntura do mercado, sem interesses literários.

Em 1971, após dezesseis anos de colaboração com a Editorial Estúdios Cor e de doze em que exercera mais ou menos em parceria com Nataniel da Costa a direção literária da editora, José Saramago pediu demissão. Durante esse tempo, a empresa editara nomes como Jorge de Sena, José Rodrigues Miguéis ou Urbano Tavares Rodrigues, e traduções de autores que viriam figurar entre os maiores da atualidade, como Günther Grass. Segundo ele, um novo grupo de acionistas entrou em acordo com outros mais antigos para impor a escritora Natália Correia como nova diretora literária da empresa, sem sequer tê-lo consultado e tentando depois convencê-lo a aceitar a parte da produção editorial meramente em troca de um salário maior. Ofendido em seu brio profissional, Saramago optou pela demissão.

Embora sem emprego que lhe garantisse ao fim de cada mês um salário certo, Saramago era agora uma pessoa conhecida e respeitada nos meios intelectuais. Tinha relações sólidas no jornalismo oposicionista ao regime. Publicava desde 1968 crônicas regulares nos jornais *A Capital* e *Jornal do Fundão*. Escrevera múltiplas críticas literárias na revista *Seara Nova*. Não tardaria, pois, a encontrar uma nova colocação. Desta feita, como editorialista do *Diário de Lisboa*, onde trabalharia em 1972 e 1973.

Nesse ínterim, voltara a publicar obras literárias depois do interregno de quase vinte anos, a contar de *Terra do pecado*, de 1947.

## Por uma bibliografia crítica atualizada

A exposição "La Consistencia de los Sueños", inaugurada em 20 de novembro de 2007 na Fundação César Manrique, em Lanzarote, trouxe achados bibliográficos inesperados e valiosos. Editais inéditos. O jovem Saramago não publicara apenas o romance *Terra do pecado* nem se limitara à tentativa de *Claraboia*. Entre fins da década de 1940 e 1953, publicara também vários contos em revistas importantes como a *Vértice* ou a *Seara Nova*, ou em jornais de grande circulação como o *Diário de Lisboa*. Antes de *Terra do pecado* havia redigido mais de quarenta poemas que tinham sido guardados e esquecidos. Outros poemas, contos, romances e até peças de teatro haviam também sido esquecidos, estando alguns acabados e outros incompletos. Nunca ninguém ouvira falar de *Os emparedados*, de *Quase uma ressurreição* e de outros textos da juventude saramaguiana. O próprio escritor parecia não se lembrar mais de boa parte desses textos.

Mais recentemente, o livro *Uma longa viagem com José Saramago*, de João Céu e Silva, veio trazer luz a fatos bibliográficos praticamente desconhecidos graças ao testemunho do colecionador José Miguel Noras, cuja "saramaguiana" parece ser talvez a mais interessante de todas. No próprio trabalho de referência que é *José Saramago. O período formativo*, Horácio Costa assinalara apenas um prefácio do autor aos múltiplos livros que a Editorial Estúdios Cor publicara ao tempo em que ele estivera à frente da editora. Era o prefácio a *Bola de sebo*, de Guy de Maupassant. Porém, Noras viria a apurar que uma série de outros prefácios não assinados pareciam também ser de Saramago, e este confirmaria que pelo menos os relativos a *O viúvo*, de David Mourão-Ferreira, *A noite que fora de Natal*, de Jorge de Sena, e *A arte de furtar*, de autor anônimo, eram efetivamente seus. Há ainda outros que podem ser de sua autoria.

Ocasionalmente, aparecem referências bibliográficas de que nunca se ouviu falar. Por exemplo, o jornal *Expresso*, de 17 de outubro de 1998, publicou um texto sobre Saramago ter feito a apresentação da peça de teatro *Sísifo e a morte*, do dramaturgo francês Robert Merle, em uma desconhecida publicação, *A Voz de Tebas*, em 17 de maio de 1956. Outro que caiu no esquecimento, e que é até importante por ser indicador de certo prestígio entre seus colegas, é o conto "Calor", na revista *Colóquio-Letras* (número 8, de julho de 1972).

A certa altura dos *Cadernos de Lanzarote*, Saramago diz:

> Guardo num armário (se se pode chamar guardar a ter coisas amontoadas, a trouxe-mouxe) originais de artigos e conferências que tenho andado a escrever e a dizer por aí [...]. De longe em longe digo-me que é preciso fazer uma limpeza nisto, ordenar a confusão, rasgar o que não interessa, mas em todas as vezes acaba por desviar-me do propósito a dificuldade de decidir quais os textos que vale a pena conservar [...] tive a surpresa de encontrar-me com um artigo de que já não me lembrava [...]. [Anotação de 17 de fevereiro de 1996]

Ora, e apesar de o próprio Saramago dizer o contrário, não é nada descabido especular sobre as possíveis revelações que ainda estariam aí contidas.

Sabe-se que o espólio e a biblioteca particular de José Saramago estão em processo de catalogação e informatização. Para quando se poderia esperar uma bibliografia crítica atualizada, que tão útil seria?

# 4. Poesia, crônica e jornalismo (1966-1973)

## *Os poemas possíveis* e *Provavelmente alegria*

José Saramago voltara às lides literárias para o público com a edição de *Os poemas possíveis* (1966). Esse reaparecimento não só era tardio (Saramago tinha já 44 anos), e ocorria em um gênero no qual o autor nunca foi reconhecido como figura de primeiro plano, como também voltava a reincidir na distância entre o que então se produzia de mais avançado e tendências havia muito ultrapassadas.

Porém, antes de avaliarmos tal distância, talvez convenha levantar as razões que teriam motivado o então diretor literário da Editorial Estúdios Cor a reaparecer sob a forma de poeta após quase vinte anos sem publicar nenhum livro. Segundo o próprio autor declara em entrevistas que Carlos Reis editou sob o título de *Diálogos com José Saramago*:

> Nessa altura, nos anos 1960, o José Régio publicou *O filho do homem*. Tive então uma experiência de ordem sentimental, ocorrida em 62, 63, à volta disso, que é anterior à minha relação com a Isabel da Nóbrega. E portanto houve, de fato, uma coincidência entre a leitura do *Filho do homem* e esse episódio da minha vida, coincidência que me levou a escrever poesia.

Em cartas a Jorge de Sena e a Nataniel da Costa datadas de 1963, Saramago considera os tempos em que escreveu e reuniu as poesias que fariam parte de *Os poemas possíveis* como desgastantes em termos emocionais, e chega mesmo a ponderar sobre a hipótese de emigrar para o Brasil. Assim sendo, essa primeira obra, depois da longínqua *Terra do pecado*, teria sido uma resposta para equilibrar estímulos literários muito concretos, perturbações amorosas de um homem maduro e cotidiano profissional feito de leituras e traduções que exigiam inconscientemente o retorno à própria criação.

Enquanto o panorama poético português de meados dos anos 1960 estava já pelos caminhos vanguardistas da chamada "poesia experimental" e incorporara havia década e meia a aventura surrealista, *Os poemas possíveis* eram ainda tributários de uma estética neoclássica voltada para um vocabulário elaborado, uma certa sobriedade e um ritmo equilibrado dentro de representações ancoradas no real. Apesar de comportar também poemas e expressões mais dadas à emoção do eu lírico, a obra respondia essencialmente à concepção que se encontrava no poema programático "Arte poética":

> De que nasce o poema? Tudo serve
> Ao surdo germinar que na semente
> A floresta promete e anuncia.
> Mas um passo que dê não é jornada,
> Nem é pintura a cor que não se inscreve
> Em rigoroso acordo e harmonia.
> Nada em amor está feito enquanto ausente
> A posse for, e a carne insaciada
> Só tiver doutra carne a presciência.
> Não se esquece o poema nem se adia
> Se a força da palavra for moldada
> Em ritmo, segurança e consciência.

Em comparação com o que um Ernesto de Melo e Castro, um Herberto Hélder, um Cesariny ou mesmo os jovens saídos da "poesia 61" então publicavam ou haviam publicado nos últimos tempos, não se poderia afirmar que a produção poética de Saramago estivesse propriamente muito atualizada.

Na obra que publicou a seguir, os poemas de *Provavelmente alegria* (1970), nota-se uma tentativa de inovação. Horácio Costa, que, em *José Saramago. O período formativo*, foi o primeiro estudioso a investigar com profundidade o conjunto das obras anteriores à consagração advinda com *Levantado do chão* e *Memorial do convento*, considera que nesse novo livro o autor "expõe em vez do controle, desbordamento, em vez do ritmo ordenado, urgência ou arritmia, em vez da regularidade, excepcionalidade". Entre outros exemplos, encontramos o poema "É um livro de boa-fé...":

> É um livro de boa-fé, disse Montaigne.
> Ninguém sabe o que esta frase quer dizer, declara o
> professor, enxugando as lágrimas, e chama um
> contínuo para que lhe traga um copo doutra água.
> Entretanto o aluno mais novo saiu pela janela e teve
> Todas as revelações do Buda.
> Mas quando chegou debaixo do salgueiro estava uma
> mulher deitada e nua, que repousava a cabeça num
> livro de páginas brancas.

Trata-se apenas de uma parte do poema, mas transmite bem a contradição surreal entre situações incompatíveis assim poeticamente aproximadas para escapar à lógica clássica que dominara *Os poemas possíveis*.

Não obstante essa interessante perspectiva de evolução poética do autor e de sua maior ou menor atualização em face das tendências contemporâneas então em curso, uma coisa é certa: foi graças a esses livros de poesia que Óscar Lopes e António José Saraiva incluiriam Saramago numa das edições da famosa *História da literatura portuguesa*, dizendo que ele "atualiza certas linhas de continuidade clássica, bem sensíveis no predomínio do decassílabo e numa sua meditação contida e consciente", além de também dever-se à pouco conhecida vertente poética o fato de o consagrado poeta António Ramos Rosa fazer uma menção crítica ao último livro na revista *Colóquio* (junho de 1970). Embora a crítica não fosse muito favorável ("De um modo geral, os poemas não atingem a densidade indispensável, dando a nítida sensação de facilidade de uma precipitação em que se chega ao verso final sem se ter captado algo de essencial [...]"), a verdade é que era um indicador de certa curiosidade que Saramago começava a atrair nos fins da década de 1960.

Obviamente, tal curiosidade estava ainda praticamente circunscrita aos "pares" (outros escritores, críticos literários e demais personalidades do mundo intelectual). Basta reter este dado: a primeira tiragem de *Os poemas possíveis*, pela Portugália Editora, na então prestigiada coleção Poetas de Hoje, foi de apenas 850 exemplares e não houve nenhuma outra edição até que, em 1982, sob o embalo da visibilidade alcançada com o romance *Levantado do chão*, a Editorial Caminho avançasse para uma segunda edição revista e atualizada.

## Cronista e crítico literário

De resto, Saramago tornara-se pouco antes presença constante nas páginas da imprensa portuguesa do período, o que adensava a penetração nos meios culturais.

Entre 1968 e 1972, assinou regularmente crônicas no vespertino *A Capital* e no prestigiado semanário oposicionista *Jornal do Fundão*. Entretanto, desempenhou também a função de crítico literário na revista antifascista *Seara Nova*.

Escreveu então mais de 120 crônicas, que seriam recolhidas em *Deste mundo e do outro*, publicado pela Editora Arcádia em 1971, e *A bagagem do viajante*, lançado pela Editora Futura em 1973. Estando o gênero crônica marcado por certa liberdade e imaginação que não prendiam a escrita à atualidade noticiosa e política, os textos de Saramago espraiaram-se com naturalidade para os mais variados temas. Segundo Horácio Costa, os eixos mais significativos seriam três: "o primeiro [...] representado pela escrita memorialística, seguido pela vertente de reflexão moral sobre o acontecer histórico-social (português, no mais das vezes), e por uma terceira vertente, a da ficcionalização [...]".

Com efeito, várias são as crônicas de teor autobiográfico. Desde logo, "Retrato de antepassados", "Molière e a *Toutinegra*", "O melhor amigo do homem", "Carta para Josefa, minha avó", "O meu avô, também", "Criado em Pisa", "O jardim de Boboli" ou "Uma noite na Plaza Mayor" são textos que remetem ao passado remoto e próximo de Saramago. Neles ele apresentava as raízes humildes dos antepassados, passagens da escola primária, as primeiras viagens ao estrangeiro.

Outras crônicas parecem ser uma reflexão quase em forma de parábola com base no contexto histórico português e internacional, ganhando o país, às vezes, foros metafóricos em textos como "Teatro todos os dias". Neste se apresenta uma hipotética peça em que um dos atores tem colado sobre a boca um largo adesivo e é incapaz de falar até que, instado por uma parte do público, diz, num grito estrangulado: "Pátria", soando então automaticamente o gongo para, de modo aparente, dar fim à representação. Seu caráter alegórico teria passado despercebido aos censores.

Por fim, há diversas crônicas em que se firma a intertextualidade perante a tradição literária e certa ficcionalidade, de onde surge de modo embrionário o esboço de situações, personagens e espaços mais tarde aproveitados em termos romanescos. Por exemplo, em "Os portões que dão para onde?" estará porventura configurada a disponibilidade do escritor para as obras futuras *Memorial do convento* e *História do Cerco de Lisboa*. Ou não será esse o sentido premonitório desta passagem:

> Confesso que sou grande consumidor de museus, catedrais, pontes romanas, conímbrigas e ruínas em geral. Tenho a bossa da arqueologia comparada, da história antiga e da escavação, e sofro de uma curiosidade decerto doentia de saber como dizia Sócrates "bom dia" nas praças de Atenas, ou como se assoava Fernão Lopes, ou como o meu décimo avô cortejava a minha décima avó. E não é tal por prosápias de árvore genealógica, pois, ai de mim, a partir do terceiro ramo some-se-lhe o tronco e a raiz numa treva de começo do mundo.

Ou não estará aqui implícita uma concepção de história e ficção nos moldes do que era a *nouvelle histoire*, a história das massas anônimas por trás dos relatos diacrônicos dominantes de que viriam a se alimentar os romances de Saramago?

Como aconteceu a muitos outros escritores e jornalistas durante o regime fascista, José Saramago também viu textos seus serem censurados. Portanto, a crônica "As palavras", escrita para o número de 17 de maio de 1968 de *A Capital*, saiu truncada, pois os censores teriam considerado que frases como "Há também o silêncio. O silêncio, por definição, é o que não se ouve. O silêncio escuta, examina, observa, pesa e analisa. O silêncio é fecundo. O silêncio é a terra negra e fértil, o húmus do ser, a melodia calada sob a luz solar" seriam uma crítica velada ao cerceamento da liberdade de expressão então imperante. Entre outros casos, o mesmo aconteceu com o texto "Esta palavra esperança", que figurou em um número do mesmo jornal em fins de outubro de 1968. Enfim, eram as arbitrariedades normais de uma ditadura iníqua que, além de muitas outras razões, teriam também contribuído para levar José Saramago à militância política clandestina, pois em 1969 ele se tornaria membro do PCP.

Deixando em aberto esse último aspecto, que será tratado no devido lugar, detenhamos agora a atenção na crítica literária que Saramago desenvolveu nas páginas da *Seara Nova* nos anos de 1967 e 1968. Ao refletir sobre as críticas que então fez acerca de 23 livros de autores tão diversos como Agustina Bessa-Luís, José Cardoso Pires, Jorge de Sena, Urbano Tavares Rodrigues, Júlio Moreira ou outros, Saramago diria, em anotação datada de 22 de julho de 1994 nos *Cadernos de Lanzarote*, que:

> Agora eis-me perante os fantasmas de opiniões que expandi há quase trinta anos, algumas bastante ousadas para a época, como dizer que Agustina Bessa-Luís "corre o risco muito sério de adormecer ao som da sua própria música". Apesar da minha inexperiência, e tanto quanto sou capaz de recordar, creio não haver cometido grossos erros de apreciação nem injustiças de maior tomo. Salvo o que escrevi sobre *O delfim* do José Cardoso Pires: muitas vezes me tenho perguntado onde teria eu nesse momento a cabeça, e não encontro resposta...

A releitura de tais críticas parece confirmar tal diagnóstico. As obras de Agustina são literariamente valorizadas e a isso não impede o reconhecimento de que a ideologia aí inscrita está em contramão com a do resenhador. Textos entretanto integrados pelo cânone da história literária, como *Novas andanças do demônio*, de Jorge de Sena, *Bolor*, de Augusto Abelaira, ou *Casa de correção*, de Urbano Tavares Rodrigues, recebem apreciações muito positivas. As críticas mais impiedosas, como no caso de *O conflito*, de Manuela Montenegro, do qual se interroga mordazmente: "Que dizer a Manuela Montenegro, além da confrangedora insignificância de quase todos os seus contos?", ou a respeito de *Vida, crucificação dos Cristos*, de Manuel de Campos Pereira, que lhe parece "um romance que não honra o autor nem enriquece as letras nacionais. Ao contrário", não foram desmentidas pela marginalidade de tais obras e autores nas letras nacionais. É claro, resta a tolice de ter acometido contra *O delfim* e Cardoso Pires por supostamente entoarem loas ao marialvismo, quando, na realidade, estavam lhe passando uma certidão de óbito. Resta ainda a aversão então mostrada aos caminhos adversos da alegoria que ele próprio viria a percorrer décadas depois, sobretudo a partir de *Ensaio sobre a cegueira*. E uma pequena polêmica motivada pela crítica feita ao romance *Eva*, de Armando Sá Coimbra, o qual publicou na *Seara Nova* uma carta onde se dizia injustiçado e afirmava: "Assim não vale. Sou um homem do foro e estou habituado à análise crítica das provas, antes de condenar... Só quando o fizer, a sua crítica poderá merecer o meu respeito".

Cronista, crítico literário, poeta e homem experiente na área da edição, Saramago começava a se afirmar no panorama cultural de início dos anos 1970. Se a recepção a *Os poemas possíveis* ainda comportava resistências à capacidade de escrita do autor principiante, já o mesmo não se pode afirmar a respeito do acolhimento do livro de crônicas *Deste mundo e do outro* entre os colegas. Na revista *Colóquio-Letras* de março de 1972, João

Palma-Ferreira escreve uma crítica elogiosa: "Importa dizer, desde já, que a José Saramago ficamos a dever um dos mais belos livros de crônicas até agora publicados em Portugal, e acrescentar que *Deste mundo e do outro* é, sem dúvida, o melhor livro deste poeta e crítico. [...] Estamos, sobretudo, perante uma prosa límpida, serena e bem medida [...] de uma elegância que de há muito anda arredada dos nossos prosadores". Para os pares, Saramago crescia como escritor. Contudo, continuaria ainda durante alguns anos misturando escrita literária e jornalismo antes de enveredar pelo romance, que era então faceta praticamente desconhecida da sua trajetória.

## Editorialista no *Diário de Lisboa*

Entre o início de 1972 e o fim de 1973, toda a colaboração regular de Saramago na imprensa desembocaria na assunção da responsabilidade de editorialista do *Diário de Lisboa*. Sem ser propriamente um jornalista, pois a profissão implicava a experiência com reportagens, entrevistas e pesquisas externas à redação, das quais nunca participara, ele estava agora em pleno mundo do jornalismo. Não se tratava de garantir apenas crônicas semanais e periódicas, mas de trabalhar profissionalmente no seio de uma equipe de jornalistas com a função de redigir os textos que deveriam nortear a linha editorial. De fato, e apesar de a certa altura também ter coordenado o suplemento cultural, a principal atividade de Saramago foi a de editorialista, o que, é evidente, impunha restrições temáticas e formais aos textos. Quando comparados com as crônicas para *A Capital* e para o *Jornal do Fundão*, os editoriais anônimos que publicou no *Diário de Lisboa* — acima de uma centena — são naturalmente mais próximos à atualidade noticiosa e incorporam uma dose bem mais reduzida de imaginação, transfiguração e literariedade. Portanto, interessam sobretudo à compreensão do homem político, e não do escritor.

No quadro da decadência marcelista e atendendo ao perfil oposicionista que o *Diário de Lisboa* então tinha, José Saramago não se constrangeu em esbravejar contra a censura e o cerceamento das liberdades democráticas, não deixou de comentar audazmente certas nuanças sensíveis da realidade política nacional e internacional, e chegou até a aludir à necessidade da reforma agrária.

Em vários editoriais, a censura à imprensa é claramente criticada. Em "Sim em França, não em Portugal", de 1º de junho de 1972, Saramago protesta contra o tratamento diferenciado que as autoridades davam às publicações periódicas consoante se destinassem de modo prioritário ao país ou ao estrangeiro:

> [...] não pode a Imprensa metropolitana deixar passar sem protesto uma exceção que mais uma vez a menoriza. [...] teremos que concluir que os portugueses que vivem no estrangeiro têm, só por essa circunstância, acesso a uma informação muito mais livre, dado que entre a redação do jornal

> e os leitores se procede à dispensa de "todas ou algumas das obrigações estabelecidas para as publicações nacionais", isto é, repetimos, aquelas que se destinam a ser consumidas dentro do retângulo metropolitano.

Outras limitações da abertura marcelista também mereceram um foco corajoso. Em "Uma contradição à luz do dia", de 7 de abril de 1973, a autorização do regime à realização do Congresso da Oposição Democrática em Aveiro é confrontada com a proibição da romaria ao túmulo do emblemático antifascista aveirense Mário Sacramento. Em "Sobre o conceito de abertura", de 21 de setembro de 1973, Saramago denuncia abertamente as contradições de uma entrevista de Marcelo Caetano ao jornal italiano *Il Tempo* em um ponto tão crucial quanto a ausência do pluripartidarismo:

> [...] afirmou o presidente do Conselho que "a oposição aberta existe e pode exprimir-se por todos os meios legais". [...] Em primeiro lugar, avulta o reconhecimento da oposição [...], o que, mesmo nos limites de um puro formalismo, representa um passo em frente nas admissões do regime. Mas imediatamente, como consequência inelutável, avulta também a contradição entre esse reconhecimento e a negação do direito a essa oposição de se constituir em associações políticas diversificadas.

Nas questões internacionais, o Chile de Allende e a contrarrevolução desencadeada em 11 de setembro de 1973 para lhe dar fim não passaram despercebidos ao editorialista. Em "Não há motivo para espanto", de 8 de outubro de 1973, condena as manobras golpistas da multinacional norte-americana ITT e a ingerência do governo dos Estados Unidos nos assuntos internos do Chile e da América Latina, pondo em evidência que tais acontecimentos visavam apenas reverter processos de nacionalizações e expropriações contrários aos interesses das empresas estadunidenses. Saramago termina irônica e premonitoriamente o artigo assim:

> Claro que nós, portugueses, estamos longe destas coisas. Não se projetam aqui nacionalizações nem expropriações. O nosso homem da rua está portanto à vontade para declarar que não lhe interessam tais problemas. Na verdade, qualquer pessoa verá que a Cerro Copper Corporation só ataca o governo peruano porque o governo peruano ataca a Cerro Copper Corporation... Tal como a ITT atacava Allende porque Allende punha em perigo o domínio da ITT sobre uma substancial parte da economia do Chile. Como se vê, é tudo claro, e não há nenhuma razão para espantos [...].

*José Saramago com 8 anos.*
Arquivo Fundação José Saramago

*José de Sousa e Maria da Piedade, pais de José Saramago, 1920.*
Arquivo Fundação José Saramago

Imagens extraídas do livro *José Saramago: A Consistência dos Sonhos*. Cronobiografia, de Fernando Gómez Aguilera, Lisboa, Editorial Caminho, 2008.

*José Saramago, 1940.*

Arquivo Fundação José Saramago

*José Saramago com 18 anos.*

Arquivo Fundação José Saramago

*José Saramago, 1943.*

Arquivo Fundação José Saramago

*José Saramago, Ilda Reis e a filha Violante, 1951.*

Arquivo Fundação José Saramago

*José Saramago, 2 de Julho de 1951.*

Arquivo Fundação José Saramago

*José Saramago no Colmeal, 1967.*

Arquivo Fundação José Saramago

*José Saramago, 1972-1975.*

Arquivo Fundação José Saramago

*Saramago na primeira comemoração do 1.º de Maio pelo Partido Comunista Português, poucos dias depois da Revolução dos Cravos, Azinhaga, 1974.*

Foto: Lucas.
Arquivo Fundação José Saramago

*Com a sua mãe e o Presidente da República, Francisco da Costa Gomes, na apresentação de Levantado do Chão, 1980.*

Arquivo Fundação José Saramago

*José Saramago em Ouro Preto (Brasil), anos 80.*

Fotografia: BM Paula.
Arquivo Fundação José Saramago

*José Saramago, Lisboa, fim dos anos 80.*

Arquivo Fundação José Saramago

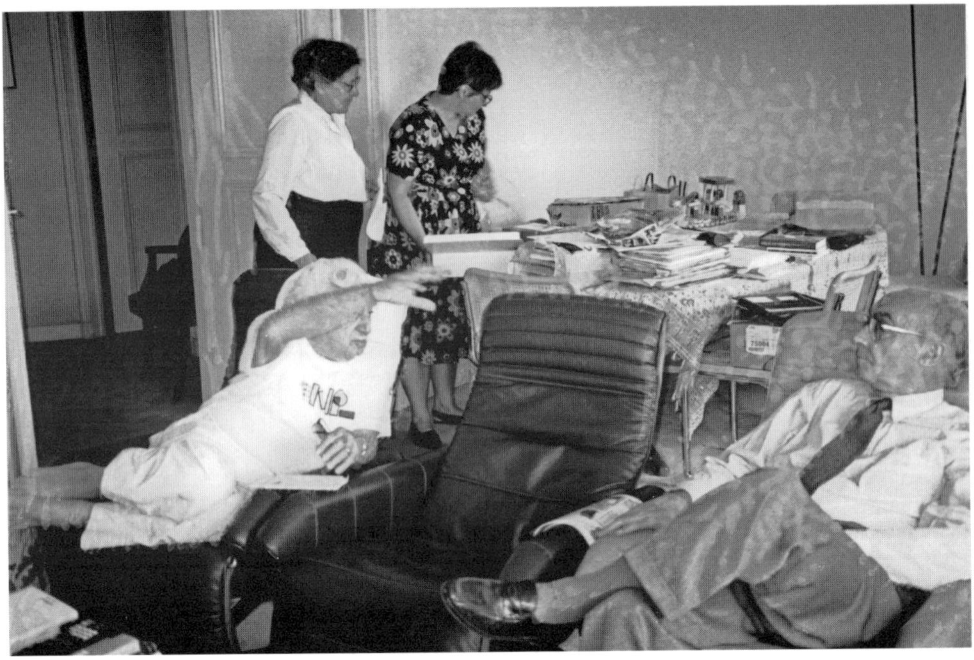

*Na casa de Jorge Amado e Zélia Gattai, com a filha do casal, Paloma Amado, Paris, Maio, 1994.*

Arquivo Fundação José Saramago

*José Saramago com Ernesto Sábato na sua casa de Santos Lugares, Buenos Aires, Maio, 1996.*

Arquivo Fundação José Saramago

*José Saramago, Lanzarote, 1996.*

Fotografia: Sebastião Salgado.
Arquivo Fundação José Saramago

*José Saramago e Gabriel García Márquez em Cuba, 1998.*

Fotografia: Reuters/Cordon Press.
Arquivo Fundação José Saramago

*José Saramago, Paris, 1998.*

Fotografia: Daniel Mordzinski.
Arquivo Fundação José Saramago

*Cerimônia de entrega dos Prêmios Nobel 1998 da Academia Sueca, Estocolmo, 1998.*

Arquivo Fundação José Saramago

*Discurso de José Saramago perante os membros da Academia Sueca, Estocolmo, 7 de Dezembro de 1998.*

Foto: FLT-PICA Bild AB.
Arquivo Fundação José Saramago

*Saramago com membros do Exército Zapatista de Libertação Nacional (EZLN), chefiados pelo comandante David, em Aguascalientes de Oventic, Chiapas (México), Dezembro, 1999.*

Arquivo Fundação José Saramago

*Saramago na Praça El Zócalo, onde terminou a marcha zapatista desde Chiapas até a capital, México D. F., Março, 2001.*

Arquivo Fundação José Saramago

*José Saramago, 2000.*

Arquivo Fundação José Saramago

*Na sua casa de Lanzarote, 2000.*

Arquivo Fundação José Saramago

Em certos editoriais, a ousadia chegou a ponto de aludir à necessidade de uma reforma agrária radical para extirpar os sustentáculos latifundiários do fascismo. A alusão foi compreendida por setores simpatizantes do regime, e o jornal *Época* investiu contra Saramago. Em "Elucidar e dignificar", de 13 de fevereiro de 1973, o escritor salientara a desumanização que as relações sociais de produção implicavam tanto no campo quanto na indústria e, comentando um relatório da Caixa de Crédito Agrícola de Alter do Chão, concluíra: "Mas a raiz do problema é de ordem social, econômica e também política. E a reforma do crédito agrícola é apenas um aspecto (e não o mais importante) de reforma geral que urge pôr em prática e já tarda". No jornal *Época*, houve quem descortinasse o sentido mais profundo da linguagem alusiva e elíptica do artigo, em razão do qual publicaram uma matéria de alerta para os supostos perigos de controleirismo e desumanização da sociedade nova subjacente ao artigo de Saramago. Era uma confrontação profética que passaria com rapidez para a realidade nacional.

Em suma, nesses editoriais de 1972 e 1973 do *Diário de Lisboa*, José Saramago mostrava uma intervenção cívica audaz em prol da transformação política, social e econômica de um país ainda cerceado pelo fascismo, e, na medida do possível, em conformidade com o ideário comunista que lhe dava base. É evidente, havia fronteiras dificilmente transponíveis. Alguns artigos ficaram guardados na gaveta devido à censura. A questão decisiva da guerra colonial não sobressai. E foi precisamente no confronto com tais limites que o escritor acabaria por se demitir do jornal em fins de 1973, pois discordava da decisão do administrador do *Diário de Lisboa*, Lopes de Souto, de não intervir abertamente ao lado da oposição no âmbito das eleições de outubro desse ano. Os editoriais, embora anônimos, marcariam a primeira intervenção claramente política de José Saramago em público e foram, na maioria, recolhidos e editados pouco depois de 25 de abril de 1974 no livro *As opiniões que o* DL *teve*.

## A poesia de Saramago à margem da vanguarda poética dos anos 1960

Entre 1962 e fins da década, mas com particular incidência depois do aparecimento do primeiro número de *Poesia Experimental*, poetas como António de Aragão, Herberto Hélder, Ana Hatherly, Salette Tavares, Barahona da Fonseca, António Ramos Rosa ou o inevitável Ernesto de Melo e Castro foram dando forma a uma corrente que ficaria conhecida de modo específico como "poesia experimental", e configurou-se como o que de mais avançado se praticava então. Em livros de prática e teoria poéticas, em revistas, em artigos de jornais, em exposições e em *happenings*, chocaram os hábitos de leitura e de produção do poético estabelecidos à época. A cronologia dos marcos fundamentais foi basicamente a seguinte: publicação de *Ideogramas* por Ernesto de Melo e Castro em 1962; primeiro volume de *Poesia Experimental* organizado por António Aragão e Herberto Hélder em 1964; a exposição coletiva "Visopoemas" e a performance intitulada "Concerto e Audição Pictórica", que se deram na galeria lisboeta Divulgação, com organização de vários poetas experimentalistas, durante o mês de janeiro de 1965; aparecimento do livro teórico de Ernesto de Melo e Castro *A proposição 2.01. Poesia experimental*, também em 1965; o segundo volume de *Poesia Experimental* (1966), a cargo dos anteriores organizadores e agora contando também com Melo e Castro.

Em todas essas publicações e eventos, talvez o que mais tenha afrontado os hábitos estabelecidos tenha sido o happening "Concerto e Audição Pictórica", realizado a 7 de janeiro de 1965 na galeria Divulgação. Sobre ele Ana Hatherly daria notícia no *Diário Popular* nos seguintes termos:

> Para dar uma ideia da maneira como decorreu o espectáculo, descreverei sumariamente o número do funeral, que foi mais ou menos assim: [...] sentados a uma mesa alguns indivíduos comendo. Junto deles um caixão de defunto, verdadeiro [...]. Dentro dele estava alguém [...]. Ruídos de talheres, de mastigação, de sílabas confusas, marcha nupcial tocada ao piano [...]. [*Diário Popular*, 28 de janeiro de 1965]

Como se não bastassem os poemas transformados em arranjos gráficos e visuais, o desarranjo das frases, palavras e sílabas, ou os objetos poéticos, a poesia transformava-se agora num híbrido efêmero e sinestésico em que sons humanos ininteligíveis, música, gestualidade e teatralidade desorientavam por completo os estilos tradicionais da poesia.

Pelo menos para a época, quase tudo isso passava por inaudito. Por certo, já havia alguns elementos protoexperimentais em certos versos de Mário de Sá-Carneiro ou do heterônimo pessoano Álvaro de Campos, e poemas quase experimentais em surrealistas como Césariny, mas estavam ainda longe da dimensão que a poesia experimental alcançara. Tratava-se agora de uma vanguarda coletivamente organizada em ruptura com as normas poéticas estabelecidas, deixando bem para trás as novidades trazidas pelo surrealismo em fins da década de 1940 e funcionando como única vanguarda que surgira no país desde então. Se lá fora os ecos do visualismo de Appolinaire e do espacialismo de Mallarmé, das "palavras em liberdade" dos futuristas italianos e russos, das ousadias fônicas do dadaísmo ou dos grafismos dos concretistas brasileiros talvez tornassem menos insólitos tais tipos de rupturas poéticas, em Portugal se estava diante de um choque consideravelmente grande para os atrasados hábitos de leitura e criação.

Com *Os poemas possíveis* (1966) e já menos com *Provavelmente alegria* (1970), José Saramago retornava à cena literária portuguesa em um estilo de escrita bastante distante do que havia de mais vanguardista. Esse traço já havia aparecido com a estreia em 1947 por intermédio do anacrônico romance *Terra do pecado*. Contudo, graças a *O ano de 1993*, obra de 1975 que não parece ter sido ainda devidamente valorizada, sua escrita começou a ousar inovações surpreendentes, e *Levantado do chão* (1980) apresenta um romancista original graças a um estilo oralizante que ninguém havia praticado até então.

# 5. O *Diário de Notícias* a serviço da classe operária e do socialismo (1974-1975)

## O PREC*

Em 1969, José Saramago filiara-se ao PCP após algum tempo de colaboração discreta com os comunistas e a convite de Augusto da Costa Dias, ensaísta e diretor da Portugália Editora. Coroava-se assim um período de participação em núcleos antifascistas, nos quais a presença em reuniões da revista *Seara Nova* ocorreria desde a segunda metade da década de 1950 e teria sido provavelmente a faceta mais evidente da atividade do jovem escritor nos meios oposicionistas. Segundo fontes próximas

---

* O Processo Revolucionário em Curso (PREC) refere-se ao período revolucionário que vai do golpe militar de 25 de abril de 1974 até a promulgação da Constituição portuguesa em abril de 1976. (N. Ed. Bras.)

do autor e à época já diligentemente envolvidas em ações mais arriscadas contra a ditadura, Saramago não teria tido nenhum envolvimento na Revolta da Sé, em 1959, ou nas redes de apoio ao golpe cívico-militar de 1961, que teve no assalto ao Quartel de Beja seu ponto alto.

Embora abalado pelos efeitos da invasão soviética da Checoslováquia, pela derrapagem esquerdista de maio de 1968 e pela concorrência que vários grupos de extrema esquerda representavam agora no próprio país, o PCP continuava a ser o principal partido da oposição ao regime fascista. O rastro de sangue, prisões e heroísmo na concretude da luta de classes combinava então com o prestígio que o partido mantinha nos meios intelectuais e artísticos, sobretudo graças ao peso significativo que o neorrealismo ganhara na década de 1940 e cuja influência ainda se fazia sentir relativamente num quadro cultural em que o "novo romance", a poesia experimental e as vanguardas pictóricas pós-realistas já o haviam destituído da posição dominante.

É provável que, por pertencer a uma geração mais velha — estava então perto dos cinquenta anos —, por estar há muito envolvido com figuras da órbita neorrealista e devido ao peso dominante do PCP, José Saramago não tenha sido permeável à influência esquerdista, que fazia deslocar parte da juventude e do ativismo antifascista para além da influência dessa organização partidária. De modo curioso, a filha do escritor, Violante Saramago, era já militante do MRPP, o Movimento Reorganizativo do Partido do Proletariado, de Arnaldo de Matos, e teria mantido uma relação difícil com o pai. Viria a ser detida vários meses em Caxias (1973) e lá receberia a visita dele. Aliada a todo o restante, a prisão da filha era mais uma razão para Saramago odiar profundamente o regime e continuar na militância clandestina.

Aparentemente, tal militância não teria passado por provas de responsabilidade em nível de nenhuma estrutura de direção do partido. Vendia e passava de modo clandestino o *Avante!*. Participava de reuniões de núcleos intelectuais. Inseria-se publicamente em movimentos frentistas antifascistas, como o III Congresso da Oposição Democrática, em Aveiro (1973), no qual apresentou um discurso intitulado "Para o estudo da situação da cultura e da informação em Portugal". Corria os perigos normais da clandestinidade: às vezes havia momentos de maior ansiedade devido à prisão de camaradas que poderiam denunciar seu nome sob a tortura da Polícia Internacional de Defesa do Estado (Pide) e teria sido até mesmo apontado para ser detido em abril de 1974.

Terminada a publicação regular de crônicas nos jornais *A Capital* e *Jornal do Fundão* e a função de editorialista no *Diário de Lisboa*, José Saramago passa os últimos meses do período marcelista colaborando com a revista *Arquitectura* e retorna à literatura propriamente dita após quase quatro anos em que publicara apenas em livro o conto *O embargo* (Editorial Estúdios Cor, 1973). Sob inspiração dos sentimentos mistos que lhe despertou o golpe fracassado de 16 de março de 1974, dos militares rebelados nas Caldas da Rainha, o escritor começa a escrever *O ano de 1993*. Interrompida pela revolução de 25 de abril e retrabalhada até a publicação em fevereiro de 1975, essa obra mostraria um poeta bem diferente daquele que se mostrara em *Os poemas possíveis* e *Provavelmente alegria*.

De pronto, não era evidente que fosse um poema em prosa ou uma prosa poética, quando antes fazia poesia em moldes mais clássicos. Depois, os quadros desmontáveis, os quase versículos bíblicos, as imagens à Dalí e uma certa ficção científica encontravam-se com preocupações sociais de oposição a todas as opressões, em uma rara síntese de experimentalismo e progressismo político. Por fim, e esta é a interpretação de Maria Alzira Seixo em *O essencial sobre José Saramago*, a obra seria talvez a primeira antecipação concreta da nova ficção que o autor traria com *Manual de pintura e caligrafia* (1977) e *Levantado do chão* (1980), dados seu "fôlego épico", sua "urdidura novelística" e o "encadeamento narrativo". Portanto, a movimentação popular para resgatar uma cidade situada no futuro das mãos opressoras de um exército de máquinas em *O ano de 1993* seria sinal dos tempos revolucionários e da dimensão futurística do "epos" romanesco que caracterizaria algumas das narrativas mais conhecidas de Saramago.

Deixando de lado esse parêntese mais literário no cenário da práxis revolucionária que marcou a vida de Saramago e dos portugueses em 1974 e 1975, voltemos ao militante comunista. Colaborou ativamente para a realização do primeiro número da revista *Seara Nova*. Continuou a participar da direção da Associação Portuguesa de Escritores e das células intelectuais do PCP, onde militou ao lado de figuras de referência nas letras nacionais como Urbano Tavares Rodrigues, Mário de Carvalho, Maria Alzira Seixo, Eduardo Prado Coelho e até o poeta Herberto Hélder. Entretanto, no âmbito da redefinição da política cultural do Ministério da Educação e da remodelação dos quadros de direção para efeitos de combate ao obscurantismo fascista, foi convidado para coordenar uma equipe de dinamização cultural do Fundo de Apoio aos Organismos Juvenis (FAOJ), que era de alto gabarito, pois contava com Isabel da Nóbrega (Literatura), Mário Barradas (Teatro), Rui Mário Gonçalves (Artes Plásticas), Vasco Granja (Cinema) e José Ribeiro da Fonte (Música). Ao que parece, o convite teria resultado da ação de Isabel da Nóbrega — esta já era uma escritora conhecida e ganhara em 1964 o prestigiado Prêmio Camilo Castelo Branco com *Viver com os outros*, além de ser companheira de Saramago desde o divórcio oficial do escritor de Ilda Reis em 1970 —, mas traduzia muito mais um certo renome que o escritor já alcançara entre os pares do que qualquer relação de apadrinhamento pessoal ou político. A experiência no FAOJ durou apenas alguns meses, e daí Saramago transitaria para assessor do Ministério da Comunicação Social.

Sua experiência como intelectual, escritor e editorialista era assim retraduzida para organismos oficiais num tempo em que as estruturas sociais, econômicas e políticas eram abaladas pelo PREC. O golpe militar de alta e média oficialidade fora absorvido pelas massas populares. Às liberdades democráticas somava-se a dinâmica da justiça e da igualdade social para além do capitalismo. As greves, as ocupações de empresas e casas ou os movimentos por reforma agrária alastravam-se pelo país. As tropas e o Movimento das Forças Armadas (MFA) fragmentavam-se diante da pressão proletária. O PCP estava no centro do poder político-governamental e o fracasso do golpe spinolista de 11 de março de 1975 para deter o PREC incitava os ânimos. A banca, as seguradoras, algumas indústrias e parte da própria comunicação social eram nacionalizadas. Nesse contexto, José Saramago haveria de passar de uma figura apenas conhecida em certos meios político-intelectuais relativamente reduzidos a uma fama pública que o simples fato de ser nomeado diretor adjunto do *Diário de Notícias* e de assegurar os editoriais deste lhe conferia.

## O *DN*, O GONÇALVISMO E A REVOLUÇÃO SOCIALISTA

No prefácio que escreveu para *Os apontamentos* — livro em que no início de 1976 reuniu as 96 crônicas políticas que, sob a rubrica assim intitulada, publicara no *Diário de Notícias* de 14 de abril a 24 de novembro de 1975 —, Saramago resumia a experiência então vivida nesse jornal:

> É este o tempo em que os trabalhadores do *Diário de Notícias*, na sua grande maioria ativa

> e participante, avançam para a realização de um objetivo que naquela casa, até aí, haveria de ter parecido impossível, mesmo em horas de fantasia louca: pôr o jornal ao serviço das classes trabalhadoras, ao serviço do proletariado industrial e agrícola, ao serviço do socialismo, para tudo dizer numa palavra.

Nomeado diretor adjunto pelo governo em 9 de abril de 1975 e afastado pelo golpe de 25 de novembro, o escritor tornava-se uma das figuras conhecidas do PREC, pois o *DN* era provavelmente o jornal mais proeminente do país, tendo uma tiragem acima dos 100 mil exemplares. A ala revolucionária produzia então uma situação inesperada em que o governo, as Forças Armadas, muitas empresas e até entidades como a Rádio Renascença ou a Fundação Calouste Gulbenkian eram postulados a serviço da classe operária e do socialismo. E o *DN* não foi exceção.

Acusado de ter uma linha gonçalvista e influenciada pelo PCP, o jornal no tempo de Saramago foi alvo de múltiplos ataques políticos. O Estado-maior do Exército acusou-o de ter “intenções e critérios demagógicos” e de “inserção na escalada de perturbação social”. O capitão Vasco Lourenço atribuiu-lhe comportamento “profundamente contrarrevolucionário”. Mário Soares, Melo Antunes e até Otelo Saraiva de Carvalho também o criticaram. Depois de o VI Governo Provisório assumir suas funções, é o próprio ministro da Comunicação Social, então Almeida Santos, que deixa a hipótese de levantar processos oficiais contra o jornal.

Embora fosse verdade que a direção do jornal e a maioria dos trabalhadores alinhavam-se com o gonçalvismo e eram permeáveis ao PCP, nada indica que a linha do *DN* viesse ditada com base em instruções oficiosas dos governos de Vasco Gonçalves e do PCP. Segundo Saramago e testemunhos independentes, ele e a direção do jornal não mantiveram reuniões partidárias nem encontros com o "controleiro" da área (à época seria Carlos Brito) para determinar a orientação geral ou assuntos em particular. Sendo assim, como os dados disponíveis parecem indicar, o rumo tendencialmente revolucionário do *DN* resultava muito mais do clima extremista da época do que de qualquer manobra partidária decidida além das paredes do número 226 da lisboeta avenida da Liberdade.

Nos editoriais de *Os apontamentos*, José Saramago mostrava qualidades de um quadro político de direção, ainda que sua função fosse essencialmente a de comentador politizado dos acontecimentos, sem influência real na atuação das organizações. Estava ciente dos cenários essenciais do PREC. Estava muito atento à questão decisiva do poder e do governo. Concentrava-se na evolução do MFA e das forças castrenses. Avaliava constantemente a correlação de forças dos partidos nas eleições e na luta de classes. Não esquecia interferências internacionais nem o tema da "descolonização". E, por certo, alertava para a possibilidade de golpes contra o caminho socialista da revolução.

Em "A mão do imperialismo", de 18 de julho de 1975, quando os assaltos e os atentados ao PCP e a outras forças de esquerda já eram realidade, Saramago sintetizava a essência da situação: "Nenhuma dúvida é já possível: ou Portugal cai sob a repressão de um regime neofascista capaz de rivalizar com o Chile de Pinochet e seus mandantes, ou cede às pressões nacionais e internacionais interessadas em fazê-lo ingressar na jangada capitalista e hábil da social-democracia, ou avança decididamente, lutando, para o socialismo". Em "Ser ou não ser Vasco", de 23 de agosto, o escritor dava todo o apoio ao então primeiro-ministro Vasco Gonçalves e ao V Governo Provisório, e afirmava: "Apenas prevemos que saído ele não haverá socialismo em Portugal". E, poucos dias antes do afastamento de Vasco Gonçalves, na célebre Assembleia de Tancos de 6 de setembro, escreveu um artigo inflamado contra quase todos na própria esquerda, desde o conjunto do MFA — por ter se divorciado do povo — ao Comando Operacional do Continente (COPCON) e ao "Grupo dos Nove" — por divisionismo na esquerda militar —, sem esquecer o Partido Socialista (PS) alinhado com a direita e a oposição; nem sequer o próprio PCP escapa, porque rompera a Frente de Unidade Revolucionária (FUR) e dispusera-se a negociar com um espectro largo que poderia avançar para dentro das fronteiras da direita: "Se o PCP forma frente unitária de esquerda e, três dias depois, apela para negociações onde cabem Deus e o Diabo — como haveremos, doravante, de definir estratégia e tática?", questionava-se

Saramago em "Intervalo para acusar", artigo publicado em 1º de setembro.

E, estando já o VI Governo Provisório em exercício e sinalizando o próprio poder central como lugar para reversão do PREC, não seriam poucas as vezes que Saramago alertaria para os perigos de um golpe de Estado contrarrevolucionário. Em "Corre, corre, Carlucci!", de 5 de novembro, ironizava: "Não nos tranquiliza nada saber o embaixador Carlucci à solta por esse país fora, a correr de um lado para outro, mesmo só a apresentar cumprimentos". Em 19 e 21 de novembro, intitula seus artigos de "Aviso prévio para golpe?" e "Falemos de golpes"; e, na noite de 25, quando os acontecimentos militares suscitados pelas provocações feitas aos paraquedistas de Tancos haviam se revelado favoráveis aos golpistas apoiados pelo PS, pela direita e por parte significativa da população, Saramago escreveria um último texto que o "estado de sítio" já não deixaria sair: "Houve vítimas. Haverá prisões e, provavelmente, condenações. Fica por saber, depois do que aconteceu, o destino disto que se dizia ser o socialismo português. É esta resposta que se exige: em nome de todas as promessas e garantias com que o povo foi contemplado durante ano e meio... Quem pode responder?".

Dada a nova situação, Saramago abandonou automaticamente o *DN* e foi declarado "contrarrevolucionário" por um Conselho da Revolução agora dominado por elementos contrários ao PREC. O jornal ficaria quase um mês sem sair e ao voltar às bancas teria uma outra direção, alinhada com os vencedores do 25 de novembro. O gonçalvismo ficara para trás e a transformação socialista da realidade fora bloqueada. E o tempo em que o *DN* estivera a serviço da classe operária e do socialismo, com Saramago à frente, também terminava. Muito mais do que projeto de indivíduos extremistas ou de determinações partidárias vindas do exterior, essa dinâmica surpreendente do jornal fora uma consequência natural da radicalização das massas populares que mudara de cima a baixo as relações de produção no país.

## Saramago e os saneamentos

Como já se sabe, o episódio mais polêmico desses tempos no *DN* foi o saneamento de 22 jornalistas em fins de agosto de 1975, e ainda hoje há quem acuse José Saramago de ter desempenhado papel determinante no processo. Na verdade, o assunto parece ser demasiado complexo para se deixar reduzir à ação de meros indivíduos. Não é possível entendê-lo sem o devido enquadramento do PREC e do "Verão Quente".

Provavelmente, o caso do *DN* teria começado a germinar na célebre polêmica em torno do jornal *República*. Esta, iniciada em meados de maio, na sequência da ocupação do jornal por elementos da Comissão de Trabalhadores simpatizantes da esquerda revolucionária que acusavam a direção de Raul Rego de transformar o periódico em órgão oficioso do PS, dera origem a manifestações importantes de protesto contra o que o PS e a direita diziam ser um atentado à imprensa livre e haveria mesmo de provocar a saída dos socialistas do IV Governo Provisório, quando o jornal reapareceu sob o controle da Comissão de Trabalhadores. Em outros organismos da comunicação social, como a Rádio Renascença, os assalariados também decidiram contestar as diretrizes e assumir as rédeas de uma informação mais favorável ao desenvolvimento da revolução social.

No *DN*, a oposição à linha editorial encontrou agentes e objetivos bem diferentes. Nesse caso, não foram os órgãos representativos dos trabalhadores que enfrentaram a direção, tampouco se pretendia fortalecer a opção por uma transição a uma sociedade sem classes, mas sim um conjunto híbrido de jornalistas que clamava pelo direito a uma informação objetiva e sem a marca do gonçalvismo e do PCP. Muito provavelmente, o objetivo seria criar um outro "caso República" para enfraquecer o V Governo Provisório e toda a estrutura político-social à esquerda do PS. O certo é que os jornalistas opositores à direção de José Saramago e Luís de Barros, embora minoritários na empresa, que empregava 1.300 pessoas, sentiam-se fortalecidos pelos resultados eleitorais de abril, que haviam dado maioria absoluta ao PS e à direita, e pelo desenvolvimento de manifestações de massas contra uma suposta ameaça ditatorial do PCP e aliados, decidindo avançar para a praça pública com o protesto.

Tudo se concentrou entre 14 e 27 de agosto, estando em plena atividade o "Verão Quente", com assaltos a sedes de partidos de esquerda (sobretudo o PCP e o Movimento Democrático Português — Comissão Democrática Eleitoral [MDP/CDE]) e sindicatos, atentados a bomba e até mesmo mortos. No dia 14, alguns jornalistas entregaram a Saramago (o diretor Luís de Barros estava de férias) um abaixo-assinado em que se queixavam de que "a seção de informação política é preenchida, na sua esmagadora maioria, por elementos afetos ao PCP e ao MDP/CDE" e de que "crescente onda de descrédito se abateu sobre o jornal [...] através do evidente desmerecimento da sua informação junto de vários setores do público leitor como do MFA e dos centros de decisão político-militares, cujas contestações e desmentidos são cada vez mais frequentes". O documento estava assinado por quase metade dos jornalistas — trinta de um total de 62 — e havia a exigência de publicá-lo no *DN* do dia seguinte. Embora alguns fossem notoriamente reacionários saudosistas, como João van Zeller Garin, nem todos os signatários eram propriamente contrarrevolucionários, e a situação era bastante embaraçosa para o *DN*.

José Saramago discordou do documento e remeteu a decisão quanto à eventual publicação para o Conselho Geral de Trabalhadores, ou seja, para as assembleias que então eram o poder decisivo em muitas empresas. Em reunião na própria noite de 14 de agosto, o CGT refutou o desígnio dos jornalistas contestatários e os acusou de "manobra chantagista e contrarrevolucionária". Entretanto, o caso tornou-se público. O grupo deu uma coletiva de imprensa no Capitólio. O *Expresso* publicou o documento. A própria BBC noticiaria turbulência no seio do *DN*. Na tentativa de evitar o prolongamento do conflito, duas novas reuniões de trabalhadores da Empresa Nacional de Publicidade, a proprietária do jornal, então sob administração estatal, decidiram não dar provimento às queixas dos jornalistas e por votação de braço no ar acabariam por aprovar por maioria avassaladora, no dia 27 de agosto, o saneamento dos 22 elementos que persistiam no denegrimento da linha editorial do jornal supostamente em nome da defesa de uma imprensa livre.

Em meio a tudo isso, Saramago teria tido um comportamento compreensível em função do acirramento do contexto político do país, pois convém não esquecer que do lado do PCP e da esquerda revolucionária havia alguns mortos e muitos feridos em consequência da violência de setores da população nortenha, por vezes fruto da espontaneidade, mas outras vezes resultado da manipulação de elementos terroristas do Exército de Libertação Português (ELP) e, ainda em outras, da extrema direita. O escritor remeteu o problema às instâncias então competentes, sendo ele tratado coletivamente. Rebateu os contestatários no jornal e nas assembleias, chamando-os de contrarrevolucionários e a alguns até mesmo de fascistas. Votou pelo saneamento. Porém, não foi ele que propôs tal procedimento, sequer destacou-se nas assembleias nesse sentido mais extremo.

De qualquer maneira, o extremismo era moeda corrente à época e, quando a correlação de forças tornou-se favorável ao PS e à direita depois do golpe de 25 de novembro, Saramago e Luís Barros foram automaticamente expulsos, quinze jornalistas simpatizantes do PCP foram despedidos do *DN* e cerca de trezentos trabalhadores de outros órgãos da imprensa foram saneados, suspensos, e tornaram-se alvo de processos disciplinares tão somente por estar do lado dos vencidos. O pecado capital de que o *DN* de Saramago era acusado — favorecer ou prejudicar certas forças partidárias e sociais através de mecanismos de destaque, desvalorização e omissão nas páginas do jornal em função de determinada linha editorial — é prática normal da imprensa pelo mundo afora e só foi realçada porque, no clímax do confronto entre as forças afins e contrárias ao PREC, tudo servia para inflamar os ânimos, e o caráter ideológico das instituições emergia com facilidade.

É provável que Saramago tenha saído duplamente injustiçado de todo esse episódio. Em primeiro lugar, por ter sido eleito como maior responsável pelos saneamentos e pela suposta manipulação do jornal pelos comunistas, quando, em rigor, sua participação naqueles foi secundária e nesta nem existiu, visto ter ele suspendido os contatos com o PCP para o setor da imprensa e ter seguido uma linha que foi bem mais influenciada pelo gonçalvismo do que propriamente pelos limites cunhalistas da "revolução democrática e nacional". Em segundo lugar, porque o próprio PCP não o auxiliou no contexto da saída forçada do *DN* e não lhe deu nenhum lugar quando da criação de *O Diário,* para o qual convidou muitos dos militantes comunistas da área jornalística prejudicados pela nova situação política pós-25 de Novembro. Algo que o escritor já apontou em diversas ocasiões. Nos *Cadernos de Lanzarote*, alude ao fato: "O pior de tudo, porém, foi aquele dia em que me defrontei com uma fria, gratuita e desapiedada indiferença, vinda precisamente de quem tinha o dever absoluto de oferecer-me a mão estendida". (Anotação no volume V, 22 de abril de 1995) Em entrevista à revista *Visão* publicada em 10 de dezembro de 1998, é mais explícito: "V.: É também em 1975, depois de ser despedido do *Diário de Notícias*, que o PCP o deixa cair. Não o convida para integrar os quadros de *O Diário*, deixa-o sem saída... J. S.: Isso é certo. Não o vou negar porque é um fato, embora eu não tenha feito alarde dele. Basta dizer que jornalistas do *Diário de Notícias* que, como eu, se encontraram sem trabalho, foram encontrá-lo n'*O Diário* [...]".

Aliás, fonte próxima do escritor e à época também envolvida na imprensa confirma que Saramago, ao contrário do que acontecia, por exemplo, em *O Século*, no qual militantes comunistas da direção do jornal aplicavam a linha ditada pelo PCP e mantinham contatos regulares com o "controleiro" Carlos Brito, suspendeu os contatos com o partido e conservou uma orientação independente, malvista pelos quadros dirigentes. Daí o ostracismo a que foi relegado nos tempos após o 25 de Novembro.

## Variações da campanha contra o papel de Saramago no *DN*

> Todos fizeram a sua carreira profissional no jornalismo. Mas o sucesso das suas carreiras não os fez esquecer o período sombrio de 1975, quando foram saneados do *DN* por Saramago, hoje acérrimo defensor da liberdade mas outrora um poderoso implacável instrumento da censura comunista. Começamos nesta edição a publicar as recordações de vários jornalistas, que viveram — e sofreram — a direção de um Torquemada "com coração de pedra", hoje transformado em gênio literário e libertário.

Assim o jornal de extrema direita *O Diabo* iniciava, em 12 de maio de 1992, uma campanha contra Saramago à época do *DN*, que se prolongaria por vários números e visava dar cobertura à censura governamental do Partido Social-Democrata (PSD) contra *O Evangelho segundo Jesus Cristo*. Entre os vários jornalistas antissaramago, Rui Tovar ilustrava em concreto o que dizia ser exemplo da manipulação do *DN* em 1975:

> As manifestações de outros partidos, como a do dia 2 de maio de 1975, organizada pelo PS e a que se associaram outras formações partidárias (exceto naturalmente o PC). A cobertura do acontecimento por mim efetuada foi reduzida para umas escassas linhas, com o requinte de a fotografia não dar, propositadamente, a verdadeira

noção do número de manifestantes (tais truques eram, de resto, frequentes).

Outros jornalistas que então trabalhavam no *DN* e não seguiam acriticamente a linha de Saramago têm visões bem mais matizadas. Fernando Pires relembra:

> A minha posição permitiu-me algumas vezes discordar de orientações e decisões. Saramago ouvia, ponderava, acedia ou não, mais não que sim, mas sempre frontalmente. [...] Foi essa falta de frontalidade que Saramago não desculpou no "caso dos 24". Tinham cargos de responsabilidade e participavam diariamente nas reuniões com a direção, reuniões iniciadas na sua época e que se mantêm, alguns dos colegas que assinaram o documento. [*DN*, 10 de outubro de 1998]

José António dos Santos esclareceu:

> Vi-o expulsar da Redação tipógrafos, seus camaradas de partido, que tentavam fazer "comícios" e debater assuntos mais quentes do dia com alguns jornalistas. Recordo o "plenário da expulsão dos 24", onde interveio e votou a decisão fatal. Lembro-me da figura de um diretor austero e rigoroso, mas implacável na defesa do PREC. Divergências internas com *compagnons de route*

vividas aqui no *DN* são hoje claro indício da insegurança do Partido Comunista e das dificuldades que então sentia em dirigir o rumo dos acontecimentos.

Por sua vez, uma matéria do próprio *DN* rememorativa dos acontecimentos trinta anos depois terminava com a versão dos derrotados:

> No final de 1975, dezena e meia de jornalistas afetos ao PCP são suspensos do *DN*, acusados de "gonçalvistas". José David Lopes foi um deles, tendo sido readmitido pouco depois. Ainda hoje recorda a razia que se seguiu nos *media*. "Terão sido suspensos, saneados e com processos disciplinares cerca de 300 trabalhadores, todos afetos ao PCP, entre redatores, operadores de câmara e som. Neste processo, ninguém é inocente." [*DN*, 19 de agosto de 2005]

# 6. *Memorial do convento* e a consagração do romancista (1976-1990)

## *Levantado do chão* e o estilo saramaguiano

Sem trabalho e "queimado" pelo apoio à ala radical do MFA, Saramago tem então 53 anos e decide tomar a decisão arriscada de se dedicar à escrita ficcional, vivendo sem os salários mensais garantidos por emprego estável e ganhando a vida sobretudo por meio de traduções e artigos irregulares. Entre 1976 e 1980, traduz cerca de trinta livros e escreve uma série de artigos no semanário *Extra* e na revista *Seara Nova*, provindo daí, e em particular das traduções, sua subsistência.

Entretanto, vai escrevendo, publicando e preparando livros, os textos de ficção assumindo agora lugar preponderante. Em 1976, saem coligidos em livro os editoriais escritos para o *DN* sob o título de *Os apontamentos*. Nesse mesmo ano escreve e edita pela Moraes o romance *Manual de pintura e caligrafia*, que assinala seu regresso ao gênero, e conclui a maior parte dos contos de *Objecto quase*, que surgirá apenas em fevereiro de 1978 e em que "Cadeira" guardava uma particularidade pouquíssimo mencionada a respeito de Saramago: por trás da história breve dos bichos microscópicos que roíam a cadeira de Salazar e o levaram ao coma irreversível, escondia-se um projeto que o escritor nunca chegaria a concretizar sobre uma biografia ficcional do ditador.

Em 1979, por encomenda de Luzia Maria Martins, Saramago cria a peça de teatro *A noite*, que é encenada no Teatro da Academia Almadense e seria considerada pela Associação de Críticos Portugueses como a melhor obra de dramaturgia representada em 1979. Era o primeiro prêmio da carreira de Saramago, mas nem ele nem nenhum dos livros então publicados lhe conferiam propriamente grande destaque no cenário das letras portuguesas do período.

Para citar apenas o gênero romanesco, pois será nele que Saramago virá a se consagrar, basta salientar que *Manual de pintura e caligrafia* esteve longe de ser aceito pelo público, sendo que a primeira edição da Moraes levou largos anos para esgotar, além de ter passado por dificuldades que mostram o desconhecimento acerca da obra.

É evidente, o insucesso da obra no mercado não implicava falhas de qualidade intrínseca, pois *Manual de pintura e caligrafia* era uma narrativa bem estruturada em que a história do pintor H. se cruzava com certos aspectos autobiográficos do autor e a história do país.

H. era um artista plástico medíocre em trânsito para a escrita, tornara-se antifascista, fora impactado por uma viagem aos tesouros artísticos italianos e acabara por renegar o retrato convencional que senhores abastados da Lapa lhe haviam encomendado. No fim, essa transgressão de H. coincide com a ruptura do 25 de abril de 1974 em páginas de rara beleza, nas quais estão ao mesmo tempo em jogo a aprendizagem de outra maneira de fazer arte, tanto visual quanto escrita, o amor por M. e a revolução antifascista. Todavia, esse retorno ao romance não deixaria sua marca, tampouco a crítica literária seria muito entusiasta, ainda que, por exemplo, a crítica à peça *A noite* na revista literária de referência *Colóquio--Letras* viesse contrastar ambos os textos em termos nitidamente favoráveis àquele:

> Alguém aconselhou José Saramago, escritor inegavelmente bafejado pelo dom da narrativa (veja-se *Manual de pintura e caligrafia*, uma das mais significativas obras produzidas ultimamente em Portugal), alguém o aconselhou (ou o desafiou) a escrever uma peça de teatro. [...] Não é, porém, uma produção que nos anime, por enquanto, a considerar o autor como um dramaturgo nato. E pelo respeito que votamos a José Saramago e à obra com que já enriqueceu as letras portuguesas, não desejamos que seja um dramaturgo por acidente, e muito menos de ocasião [...].

Entretanto, o escritor trazia em mente outro projeto. Era alimentado havia muito pela memória da experiência de miséria e injustiça dos familiares no quadro das estruturas latifundiárias ribatejanas. Estava agora inovado em sentido transformador e otimista pela reforma agrária de 1975, e o Alentejo seria o cenário privilegiado para o caráter ficcional de que deveria se revestir. Seu nome seria *Levantado do chão*, e foi por intermédio dele que Saramago começou a ganhar destaque nas letras nacionais.

Entre 18 de março e 2 de maio de 1976, instalou-se na vila do Lavre, concelho de Montemor-o-Novo, onde a Unidade Coletiva de Produção (UCP) Boa Esperança fora constituída a partir da ocupação de dez herdades com uma área de 6.600 hectares e empregava cerca de quatrocentas pessoas. A despeito do retrocesso do 25 de Novembro, havia ainda bastante confiança na força da classe trabalhadora para conservar certas conquistas fundamentais como a reforma agrária e as nacionalizações. E foi assim que durante esses quase dois meses, aos quais acrescentaria depois mais algumas semanas intercaladas, Saramago beneficiou-se do acolhimento afável dos homens e mulheres da cooperativa Boa Esperança para recolher e gravar testemunhos do passado e presente feitos de exploração, humilhação, resistência, transformação e confiança em tempos melhores.

> [...] quando de lá voltei trazia cerca de duas centenas de páginas com notas, casos, histórias, também

> alguma História, imagens e imaginações, episódios trágicos e burlescos, ou apenas do cotidiano banal, acontecimentos diversos, enfim, a safra que é sempre possível recolher, quando nos pomos a perguntar e nos dispomos a ouvir, sobretudo se não há pressa. Andei pelo Lavre, Montemor-o-Novo, Escoural, por lugares de gentes e descampados, passei dias inteiros ao ar livre, sozinho ou acompanhado de amigos, conversei com novos e velhos, sempre na mesma cisma: perguntar e ouvir [...],

diria ele ao *Diário de Lisboa* pouco após o lançamento do romance.

Contudo, não seria nada fácil dar expressão artística a todo esse manancial. A matéria, o tema e a ideologia subjacentes ao projeto de *Levantado do chão* decorriam da matriz ficcional do neorrealismo, que estava como que esgotado. Fora dominante na década de 1940, reinventara-se um pouco nos anos 1950 com romances da qualidade de *Uma abelha na chuva*, de Carlos de Oliveira, e prolongara-se quase agonicamente nas décadas seguintes, malgrado exceções de raro trabalho estético como *Barranco de cegos*, publicado por Alves Redol em 1962 e talvez o ponto culminante de toda a ficção da corrente, e *Finisterra*, trazido a público por Carlos de Oliveira já em 1978. Portanto, nada que comportasse a marca da diferença e da renovação parecia poder ser retirado desses materiais.

Como sair de tal encruzilhada? Nos diálogos que manteve com o jornalista espanhol Juan Arias e dos quais resultou o livro *José Saramago. El amor posible*, o escritor explicaria mais uma vez o intricado processo:

> Ao fim de três anos de dúvidas continuava sem saber como abordar o tema que, à primeira vista, tinha muito que ver com o que chamamos o neorrealismo literário. Mas não me seduzia nada, não me aliciava, não me agradava a ideia, apesar de respeitar muitíssimas obras neorrealistas. O que não queria era repetir algo que de alguma forma pudesse estar já feito, de modo que estive três anos sem saber como resolver este problema. [...] chegou 1979 e continuava sem saber como começar, mas o tempo estava a passar e como queria escrever o livro, sentei-me a trabalhar. Fi-lo sem sequer saber o que queria dizer, ainda que algo me sussurrasse que aquele não era o caminho, mas nem sequer sabia o que é que podia pôr no seu lugar até que dissesse: é isto. Então comecei a escrever como toda a gente faz, com guião, com diálogos, com a pontuação convencional, seguindo a norma dos escritores. Quando ia na página 24 ou 25, e talvez esta seja uma das coisas mais bonitas que me aconteceram desde que estou a escrever, sem o ter pensado, quase sem me dar conta, começo a escrever assim: interligando, interunindo o discurso direto e o discurso indireto,

> saltando por cima de todas as regras sintáticas ou sobre muitas delas. O caso é que quando cheguei ao final não tive outro remédio senão voltar ao princípio para pôr as 24 páginas de acordo com as outras.

A isso convencionou-se chamar "estilo saramaguiano".

Entre abril e outubro de 1979, o escritor concluiria, portanto, *Levantado do chão*. Seu currículo conhecido no domínio da escrita já era bastante razoável (um romance, duas obras de contos, uma peça de teatro, três livros de poesia, outros dois de crônicas, mais dois de teor político, atividade regular durante dez anos na imprensa, dezenas de traduções de autores estrangeiros e mesmo alguma bibliografia secundária que começara a despontar sobre si sob a forma de críticas, inclusive na prestigiada *Colóquio-Letras*). No entanto, não foi suficiente para convencer Nelson de Matos a republicá-lo na Moraes ou evitar que a Editora Bertrand recusasse *Levantado do chão*, no primeiro caso por hipotética intervenção de Mário Soares, de quem era então inimigo político, e neste último provavelmente por influência do capitalista Bulhosa. Diante da dupla recusa, Saramago entregou o manuscrito à Editorial Caminho, com a qual começara a trabalhar por intermédio da edição de *A noite*, e a obra seria oficialmente lançada por essa empresa próxima dos comunistas em um ato realizado na Casa do Alentejo (Lisboa), em 22 de fevereiro de 1980. A aposta editorial era forte para a época, pois dobrava para 4 mil a tiragem habitual de 2 mil exemplares em primeiras edições.

A história de várias gerações de uma família de trabalhadores rurais alentejanos era por certo chamativa numa época em que a reforma agrária ainda estava bem viva e em que o PS e a direita empenhavam-se em destruí-la, recriando ficcionalmente os tempos contrastados da resignação alienante, da luta contra a opressão e também de todas as esperanças destruídas pela crise de 1974-1975. No entanto, bem mais do que o conteúdo da narrativa ou o entremeio de fatos históricos reais, foi a forma de contar que marcou a diferença de Saramago no panorama literário nacional. O narrador oralizava a escrita como se estivesse de viva voz em uma roda de companheiros; desrespeitava ostensivamente as regras sintáticas e a pontuação; espraiava-se em longuíssimos períodos sem pontos finais em que barrocamente comentava, intercalava e repetia situações, falas e personagens. Enfim, nascia o "estilo saramaguiano".

Se a reação do público leitor era agora positiva, com três edições e cerca de 20 mil exemplares esgotados em dois anos, a da crítica literária enfim iniciaria sua consagração, como bem observa Fernando Venâncio em *José Saramago. A luz e o sombreado*, ao estudar as primeiras reações a *Levantado do chão*. Ao longo de 1980 e 1981, o romance mereceria críticas e artigos de figuras relevantes e em meios de comunicação também relevantes, ora pela posição na imprensa cultural, ora pelo número de leitores. Em dois textos no *Diário Popular*, Luiz Pacheco seria o primeiro a chamar a atenção para a novidade da oralidade da escrita e considerá-la "um dos mais extraordinários monumentos literários com que fica a contar a nossa ficção pós-25 de Abril". Nas páginas do *Jornal de Letras, Artes e Ideias* e do *Diário de Lisboa*, Maria Lúcia Lepecki acrescentaria à profecia do crítico-criador que era Luiz Pacheco a aprovação da crítica universitária, intitulando o romance de "revolucionário" e fazendo menção ao "uso peculiar de níveis ou tipos de linguagem". Em *O Comércio do Porto*, o conhecidíssimo Óscar Lopes aproximava o estilo e a narrativa de Saramago, de recriação original, de toda uma tradição, desde os cronistas medievais aos moralistas barrocos, do picaresco ibérico a Camilo e Aquilino Ribeiro. E, na *Colóquio-Letras*, Faria Duarte mencionava uma "bem realizada ambiência estética", "uma obra muito bem conseguida de literatura".

No final de 1981, o júri do Prêmio Cidade de Lisboa atribuiu a homenagem a *Levantado do chão*, sendo este o primeiro prêmio literário realmente significativo outorgado a Saramago, tendo em edições anteriores sido concedido a figuras já consagradas como Carlos de Oliveira, Augusto Abelaira e Maria Velho da Costa. Na cerimônia de entrega do prêmio, em 1º de junho de 1982, esse ato literário uniria em uma harmonia (im)possível duas facetas contraditórias do país. De um lado, Saramago afirmava: "*Levantado do chão* fala de trabalhadores. Aprendamos um pouco, isso e o resto, o próprio orgulho também, com aqueles que do chão se levantaram e a ele não tornam, porque do chão só devemos querer o alimento e aceitar a sepultura, nunca a resignação". De outro, Krus Abecasis, presidente da edilidade lisboeta, eleito pela Aliança Democrática (AD) e militante do CDS, o Partido do Centro Democrático Social, declarava: "Tenho muito gosto em dizer publicamente que me não perturba dar um prêmio a um livro que exprime uma concepção do mundo inteiramente oposta à minha e à dos cidadãos que me elegeram".

## *Memorial do convento*

Em entrevista a *O Diário* de 25 de maio de 1980, Saramago afirmava ter em mãos dois projetos: *O ano da morte de Ricardo Reis*, que esperava publicar em 1981, e *O convento*. Na prática, não só estava trabalhando já no roteiro de *Viagem a Portugal* como também a ordem cronológica dos projetos mencionados fora invertida: *O ano da morte de Ricardo Reis* só sairia em 1984 e o outro passou a chamar-se *Memorial do convento*, aparecendo logo em 1982.

*Viagem a Portugal* cumpriu uma importante função na vida de Saramago, na medida em que teria sido uma tarefa bem remunerada e permitido libertar um pouco o autor da urgência de ganhar dinheiro com traduções. O livro foi encomendado pelo Círculo de Leitores e facilitou a profissionalização do autor, como escritor que aceitava o trabalho sob a condição de desenvolver um itinerário subjetivo e literário sem as amarras dos roteiros e guias normais. Entre janeiro e setembro de 1980, Saramago percorreu o país numa perspectiva livre em cujo seio certos marcos obrigatórios do turismo urbano, patrimonial e paisagístico combinavam-se com largos percursos por aldeias, serras, monumentos, costumes e pessoas pouco familiares para boa parte dos próprios leitores portugueses. Aldeias como Adeganha, Romeu; monumentos como os capitéis da Igreja de São Cristóvão de rio Mau ou a igreja românica de Fonte de Arcada; rios, ribeiros e ribeirinhos como Antuã, Ínsula ou Caima; pessoas como Daniel São Romão e a esposa em um cotidiano feito de ritmos ancestrais e quase pré-capitalistas no povoado de Rio de Onor. Nas palavras de Saramago, o livro era também uma viagem a um país que acabava.

Entretanto, o *Memorial do convento* ia crescendo. O escritor instalara-se algum tempo numa pensão da Ericeira e ia com frequência de ônibus ao Convento de Mafra, observando e investigando tudo quanto podia no monumento. Na Biblioteca Nacional e no Museu da Cidade de Lisboa, lia várias obras e consultava documentos para reconstituir o Portugal setecentista e uma ou outra figura histórica do romance. Entre essas obras estavam, por exemplo, livros do próprio Bartolomeu de Gusmão, o padre inventor do romance. De janeiro a julho de 1982, redigiu a obra, e a Editorial Caminho lançou-a no mercado em 4 de novembro.

Com mais de dez edições e 50 mil exemplares vendidos em apenas dois anos, foi *Memorial do convento* que consagrou em definitivo o nome de Saramago no panorama literário português e na cultura internacional. Para se ter uma ideia mais precisa do impacto na projeção pública do autor entre os leitores, talvez seja suficiente dizer que nem sequer o êxito alcançado antes por *Levantado do chão* impediu que *Memorial do convento* começasse com uma tiragem de apenas 5 mil exemplares, mas que, depois dele, *O ano da morte de Ricardo Reis* (1984) vendeu logo cerca de 20 mil exemplares em apenas um mês e *Jangada de pedra* teve uma primeira edição de 40 mil exemplares, algo inédito para o mercado livreiro português. Entre o circuito mais restrito dos "pares", *Memorial do convento* mereceu vários prêmios, em especial os do PEN Club e do Município de Lisboa, e causou certa perplexidade o fato de o Prêmio da APE (Associação dos Portugueses no Estrangeiro) — então o mais importante concedido em Portugal — não coroar a recepção entusiástica da obra.

Fora do país, o livro também teve excelente acolhimento.

Até o fim dos anos 1980, já estava editado em quinze países e traduzido em doze idiomas, tendo alcançado apenas em dois anos (1986 e 1987) três edições em castelhano e catalão em uma época em que sua conhecida relação umbilical com a Espanha ainda não estava firmada. Do romance, o famoso compositor italiano Azio Corghi tiraria uma versão para ópera que foi levada ao palco no mítico Teatro alla Scala de Milão, em maio de 1990. E foi também graças a ele que o jornal *The New York Times* começaria a popularizar o nome do escritor como uma das vozes mais originais das letras em escala mundial; que Harold Bloom, um dos mais conhecidos teóricos e críticos literários das últimas décadas, o incluiria entre os autores que contribuíam para o cânone da literatura mundial; ou que, em episódio pouco conhecido, uma produtora cinematográfica estadunidense ofereceu a Saramago um contrato milionário de meio milhão de euros pelos direitos de adaptação da obra para o cinema, oferta que Saramago recusou.

Entre as diferentes facetas que chamaram a atenção do público e da crítica para esse romance, talvez possamos destacar algumas. De pronto, sua escrita não só confirmava o insólito "estilo saramaguiano" de transmitir a oralidade por meio de longos períodos sem nenhum ponto final, mas também articulava a linguagem popular com um barroquismo setecentista de elevada qualidade. Depois, o romance era uma inesperada versão ao revés da historiografia oficial dos poderosos, dos feitos militares e das relações político-diplomáticas, incorporando as lições da *nouvelle histoire* e tendo um laivo marxista nos anti-heróis do povo.

Dito isso, a narrativa combinava a história de figuras do povo anônimo com a história da construção do Convento de Mafra, que era assim destituído do caráter gélido de obra do regime absolutista para uma certa humanização que os amores, as dificuldades, as alegrias e as tristezas da "arraia-miúda", representada por tais figuras, acabavam por trazer para essa edificação, que chegou a exigir o trabalho de 50 mil pessoas, muitas delas forçadas pelo despotismo. As personagens de Baltasar (o soldado maneta), de Blimunda (a filha-prodígio de uma condenada pela Inquisição que se une a Baltasar e tem o poder misterioso de ver através do interior do corpo humano) e de Bartolomeu de Gusmão (essa era uma figura histórica, um padre heterodoxo e inventor, que está no romance associado à construção da maquineta voadora da "passarola" e ao aliciamento do casal para a sua arriscada empreitada de dar vida ao invento) eram autênticos achados artísticos — tanto era assim que, em certas traduções, o livro se intitularia *Baltasar and Blimunda* ou *Historien om Baltasar og Blimunda og den forunderlige Passarola*. Por fim, e quando o *boom* da ficção latino-americana de um García Márquez ou de um Juan Rulfo ainda não se esgotara nos meios literários internacionais, o romance incorporava uma inegável dose de realismo mágico que o assemelhava a esses autores, levando assim ao cruzamento de aspectos como a engenhoca voadora da "passarola" e as capacidades paranormais de Blimunda com vertentes vincadamente realistas, como o duro mundo cotidiano da enorme massa de trabalhadores braçais e artesãos empregados na construção do convento, maravilhando boa parte dos leitores dessa importante corrente literária que se havia imposto no mercado cultural dos países desenvolvidos desde a década de 1960.

Com a notável exceção da crítica que Álvaro Pina então lhe dedicou nas páginas da revista *Colóquio-Letras*, na qual escreveu que,

> Surpreendente, não menos do que o inêxito artístico e estético do livro, foi o coro entusiástico de vozes que o louvaram como um grande romance. [...] Penso, no entanto, que qualquer leitura inteli-

> gente de *Memorial do convento* nos faz perceber que o livro, por mais interessante que o possamos achar, não chega a ser um romance, será quando muito um tratamento superficialmente romanceado de materiais históricos. Não fora isso, seria quase um caso de pedir desculpa por se discordar [...]. [*Colóquio-Letras*, novembro de 1983],

a crítica literária foi ainda mais veemente em louvores do que no caso de *Levantado do chão*. Baptista Bastos, que não gostara de *Levantado do chão*, é desta vez elogioso: "*Memorial do convento* é um inusitado achado, um formidável edifício verbal, uma tarefa realizada com humildade e escrúpulo, uma visão prometeica e trágica, uma relação inolvidável entre o homem e a História. E, sobretudo, um ato demiúrgico". (*Diário Popular*, 7 de fevereiro de 1983) Nas páginas de *O Diário* de 6 de março de 1983, Luís Francisco Rebelo invoca a leitura da obra sob o "império da fascinação", o "estilo incomparável de Saramago", e o chama "o mais antigo e o mais moderno dos romances portugueses". No *Jornal de Letras, Artes e Ideias* de 15 de fevereiro de 1983, Urbano Tavares Rodrigues classifica-o como "obra de fábrica original e impecável".

Nos balanços da literatura portuguesa durante a primeira década sem censura (1974-1984) que a *Colóquio-Letras* de março de 1984 pediu a ensaístas consagrados, tanto Maria Alzira Seixo quanto Eduardo Lourenço se referiram elogiosamente a José Saramago. Eduardo Lourenço mencionava "o já clássico *Memorial do convento*, obra-prima de ironia dialética". Maria Alzira Seixo era mais completa nas referências ao autor: incorporava *O ano de 1993* na categoria da ficção, relembrava os contos de *Objecto quase*, acentuava *Levantado do chão* e, a propósito de *Memorial do convento*, mencionava "a densidade nova na nossa ficção pela aliança notável que no seu discurso se pratica entre história e linguagem". Enfim, o clima para a entronização definitiva de Saramago estava pronto.

## *O ano da morte de Ricardo Reis* e outras obras

O resto da década de 1980 pode ser visto como uma espécie de crônica da confirmação da canonização de Saramago e trará uma alteração substancial a sua vida. Não na literária, mas sim na privada, a qual só entra aqui na medida em que já se tornou pública.

Entre 1984 e 1989, o escritor publicaria três romances (*O ano da morte de Ricardo Reis*, *A jangada de pedra* e *História do Cerco de Lisboa*) e uma peça de teatro (*A segunda vida de Francisco de Assis*). Está agora definitivamente profissionalizado como escritor. Quase não traduz mais nenhuma obra alheia. Deixa de escrever para a imprensa com a premência de ganhar dinheiro com textos ocasionais, embora aqui e ali continue a escrever artigos e até venha a manter uma coluna regular para o *Jornal de Letras, Artes e Ideias*. Como se sabe, *O ano da morte de Ricardo Reis* seria o primeiro desses romances a ser publicado.

Na verdade, esse livro tem origens bem remotas, muito mais distantes do que o mero momento da inspiração sobrevinda num hotel da antiga Alemanha Oriental (RDA) em que Saramago se alojara de passagem por ocasião da visita que aí fizera em 1978 no âmbito de ações da Associação de Amizade Portugal-RDA. Remonta à segunda metade dos anos 1930, quando, conforme já citado, o jovem Saramago ainda estudava na Escola Industrial de Afonso Domingues e na biblioteca desta descobrira um número da revista *Athena* com os poemas neoclássicos e estoicos de Ricardo Reis. Na contradição entre a beleza dos versos de Ricardo Reis e sua indiferença em face da realidade social estaria a motivação mais profunda para a escrita da obra. Daí ser ela essencialmente uma resposta ao lema de Ricardo Reis, "Sábio é o que se contenta com o espetáculo do mundo", que funciona como epígrafe irônica do romance.

Por essas razões e pela data em que a ideia do livro efetivamente surgiu, pode-se verificar que *O ano da morte de Ricardo Reis* nasceu antes da avassaladora onda pessoana que atravessou o país nos anos 1980, tendo início com a redescoberta de sua prosa graças à nova edição de *Livro do desassossego* em 1982, obtendo prolongamento na comemoração do quinquagésimo aniversário da morte em 1985 e chegando ao ápice na celebração do centenário do nascimento em 1988. Naturalmente, tal onda potencializou os efeitos do romance para o público, a crítica literária e o exterior, embora o crédito de que Saramago já desfrutava e a qualidade intrínseca do texto da ressurreição de Ricardo Reis fossem mais do que suficientes para assegurar a recepção excelsa do romance. Saramago teria trabalhado na preparação e redação de *O ano da morte de Ricardo Reis* entre 1983 e a primeira metade de 1984. Invocando suas memórias da Lisboa dos anos 1930, consultando com atenção as edições de *O Século* e de outros jornais referentes ao ano de 1936, lendo o historiador brasileiro Edgar Carone ou obras pró-salazaristas, como a esquecida novela *Conspiração*, de Tomé Vieira, alojando-se no próprio Hotel Bragança e no mesmíssimo quarto número 201, deslocando-se à sepultura de Fernando Pessoa, então localizada no Cemitério dos Prazeres, e, é evidente, relendo Ricardo Reis e outros textos da obra pessoana, foi então construindo o romance. Dessas fontes e dessa metodologia de trabalho dá excelentemente conta o espólio que o próprio Saramago entregou à Biblioteca Nacional e que está atualmente disponível *on-line* em seu *site*. Nele se pode consultar uma agenda de 1983 que o escritor transformou em diário de 1936, como já foi dito, no qual ia anotando fatos e notícias desse *annus horribilis* em que, a par do acontecimento decisivo da eclosão da Guerra Civil Espanhola, a Itália mussoliniana invade a Etiópia, o nazismo continua a se fortalecer e se assinala o décimo aniversário da "Revolução Nacional" em Portugal, entre outras coisas, com a criação da Mocidade Portuguesa.

A trama de *O ano da morte de Ricardo Reis* é conhecida. Regressando do Brasil após dezesseis anos de exílio voluntário devido ao desgosto com a instauração da Primeira República e fugindo agora com medo da intentona comunista das forças de Luís Carlos Prestes, Ricardo Reis ruma para Lisboa. Entre a realidade e o fantástico, instala-se no quarto 201 do Hotel Bragança, na rua do Alecrim, onde manteria relação sexual com a criada Lídia, cortejaria a moça de família Marcenda, se conservaria indiferente ante os males do mundo e seria recorrentemente assolado pelo espectro *postmortem* do progenitor Fernando Pessoa.

Numa cidade sempre sob chuva e com fraca luminosidade, Ricardo Reis acabará por absorver um pouco mais a triste realidade de um país manipulado pelo fascismo, chega a ser incomodado por interrogatório da Pide e se muda para uma casa alugada no Alto de Santa Catarina, em parte para escapar do fluxo de refugiados das classes dominantes espanholas que acometia Bragança. Sem abandonar propriamente as convicções monárquicas, antidemocráticas e antissocialistas, e sobretudo sem abandonar com seriedade a "torre de marfim" poética com base na qual projeta a realidade, Ricardo Reis não deixa, todavia, de mostrar certa sensibilidade antipática ao *statu quo* e de problematizar as acusações de "poetização da ordem" que o espectro de Pessoa lança contra ele. No fim, Ricardo Reis vai para dentro do túmulo do criador e desaparece na morte, mas deixará atrás de si sementes de um outro mundo. Esmorecera um pouco diante do *annus horribilis* de 1936. Chorara ao saber que o irmão revolucionário de Lídia fora morto nos bombardeios contra os barcos dos marinheiros antifascistas amotinados em pleno Tejo, no *Dão*, no *Afonso de Albuquerque* e no *Bartolomeu Dias*. Gravara no ventre de Lídia um filho. Afinal, seria mesmo "sábio o que se contenta com o espetáculo do mundo"?

Além de ser um enorme sucesso comercial, o romance seria também o mais premiado de José Saramago. Em Portugal, foram-lhe atribuídos o Prêmio Dom Dinis, da Fundação Casa de Mateus, e o do PEN Club Português. Na Itália, o Prêmio Grinzane-Cavour. E, na Inglaterra, o prêmio do jornal *The Independent* de melhor romance traduzido em 1993.

E, depois de *O ano da morte de Ricardo Reis*, o que vem? Em entrevista publicada no *Diário Popular* de 7 de dezembro de 1984, pouco mais de um mês após o lançamento do romance ao público, José Saramago começava a descortinar o véu. Particularmente interessante por revelar aos leitores um pouco da intimidade da casa onde Saramago vivia então, o trecho em que o novo projeto era por ele mencionado é este:

> Uma sala ampla, inundada de livros e objetos de arte. Duas estantes cobrem duas paredes. Há livros pelo chão. Fotos, postais e pinturas. Serigrafias de Vieira da Silva. Sá Nogueira, Cargaleiro, uma composição de Noronha da Costa, fotos de Isabel da Nóbrega, múltiplos objetos de arte, cerâmica portuguesa, artesanato africano, uma longa

> mesa e a máquina de escrever pousada ao lado. "Em janeiro, tenho previsto começar a escrever. O novo livro chama-se *O mar aberto*".

A casa ficava para os lados da Madragoa, mais especificamente no quarto andar do número 76 da rua da Esperança, onde vivia desde a década de 1970.

A obra não teria esse título; iria se chamar *A jangada de pedra*. A gênese do romance ocorrera casualmente, em 1982, num almoço com a jornalista brasileira Cremilda Medina, que preparava um livro sobre escritores portugueses contemporâneos. "[...] falamos das ligações especiais que existem entre Portugal e Espanha e a América Central e do Sul, e começamos a imaginar o que aconteceria se, por exemplo, um daqueles sábios loucos inventasse um sistema mirabolante que fosse separar a península da Europa", explicaria Saramago ao *JL* de 10 de novembro de 1986. Aguardando vez devido à conclusão de *Memorial do convento* e à escrita de *O ano da morte de Ricardo Reis*, o novo romance acabaria por ser concretizado entre outubro de 1985 e agosto de 1986.

A península Ibérica separa-se da Europa em virtude de uma fenda geológica nos Pirineus. Fica à deriva no mar, vagando primeiro no Atlântico Norte em rota de colisão com os Açores e descendo depois mais ao sul. Acaba por estacionar em algum lugar entre a América Latina e o continente africano. O estranho fenômeno de separação da península acarreta pânico generalizado. Os turistas debandam em massa. Os ricos expatriam-se e levam consigo seus bens. Muitos populares procuram também escapulir. Rebentam motins com mortos, feridos, saques e ocupações. Por vezes, os desmandos propagam-se para os países centrais da Europa. Em contraste com todo esse desregramento, cinco personagens marcadas por acontecimentos mágicos adentram terras de Portugal e Espanha em direção ao lugar da fenda causadora do caos, tendo por guia um cão das regiões infernais. Os portugueses Joaquim Sassa, José Anaiço e Joana Carda juntam-se aos espanhóis Pedro Orce e Maria Gavaira numa viagem simbólica em que as mulheres engravidam não se sabe ao certo de quem e o ancião Pedro Orce morre, sendo enterrado em Venta Micena — lugar simbólico por ser nessa região árida da Andaluzia que se encontraram os restos do primeiro europeu — e tendo no cimo da terra uma vara de negrilho em vez da cruz cristã. A par dessas situações, a "jangada de pedra" para e todas as mulheres engravidam, numa repetição do ocorrido a Joana Carda e Maria Gavaira. Da separação resultaria uma outra península Ibérica e, quem sabe, uma outra Europa? Da morte decorreria uma outra vida?

*A jangada de pedra* era certamente uma formulação poética que dava continuidade aos traços da escrita como oralidade, da representação realista aberta ao maravilhoso e do narrador intrometido em períodos repletos de curvas barrocas. Porém, isso já não era novidade e a obra ficou marcada por interpretações de seus possíveis desígnios político-culturais, sobretudo porque Portugal e Espanha haviam acabado de integrar a então

Comunidade Econômica Europeia (CEE), numa atitude que suscitava em vários setores sociais temores de perda de identidade cultural, autonomia política e de opções econômicas próprias.

José Saramago caracterizou o romance como proposta metafórica para a criação de uma área ibero-americano-africana que postulasse uma ponte entre o Norte e o Sul sem nenhuma relação com essa integração. Alguns setores extrapolaram a recusa à entrada na CEE para acusar o escritor de marcado por antieuropeísmo nesse romance. Outros viram uma reformulação inovadora da utopia do V Império do Padre Antônio Vieira, de Pessoa e de Agostinho da Silva... Enfim, e embora Saramago nunca tivesse desenvolvido essa interpretação, talvez até se possa sustentar que estava em questão a vocação internacionalista do socialismo revolucionário inscrita nas vozes de solidariedade *Wir sind auch Iberisch*, *We zijn ook iberisch*, *We are also iberians*, *Nous sommes aussi ibériques*, cantadas em manifestações massivas pela Europa afora, na contralógica civilizacional dos cinco viajantes rumo ao cume dos Pirineus e na parada da península Ibérica a meio caminho entre a Europa, a América Latina e a África em alguma parte do Atlântico Sul, nesse "sul" que, nos *Cadernos de Lanzarote*, Saramago identificaria não como um lugar geográfico ou geopolítico, mas como a pobreza onde ela estiver...

Retomemos o fio da meada. Após *A jangada de pedra*, que saiu para o mercado numa tiragem nunca vista antes, de 40 mil exemplares, em 12 de novembro de 1986, Saramago apresentaria para publicação a peça *A segunda vida de Francisco de Assis* em 1987 e voltaria ao romance com *História do Cerco de Lisboa*. O livro seria lançado em 20 de abril de 1989 e seria uma história desenvolvida em duplo tempo narrativo, parte na contemporaneidade do revisor Raimundo Silva e parte nos idos de 1147, quando os portugueses e os cruzados sitiam a Lisboa moura. Por um lado, ao acrescentar um "não" à frase "Os cruzados auxiliarão os portugueses a tomar Lisboa", inscrita no livro de História que está revisando, Raimundo Silva instaura uma ruptura perante a historiografia oficial em contravenção com a sua deontologia profissional e todo o *statu quo*. Por outro lado, o narrador encarrega-se de suscitar essa "outra história" em que a voz dos mouros não é suprimida, as motivações puramente econômicas da aristocracia portuguesa são evidentes e as dos cruzados também, e os soldados nacionais acabam por se revoltar pela discriminação no eventual saque e falta de pagamento dos soldos. Embora o romance incorporasse uma espécie de *mise en abîme* enriquecedora, conservasse intactas as qualidades de linguagem oralizante, mantivesse a capacidade narrativa a que o escritor habituara o público e a crítica, não conheceu o sucesso dos anteriores. A primeira edição, que estava na ordem dos 50 mil exemplares, levou cinco anos para esgotar, o que não correspondeu às expectativas. Não foi homenageado no Grande Prêmio de Romance e Novela da APE nem no Prêmio Literário Europeu.

É evidente, isso já pouco contava para alguém que estava não só consagrado pela crítica literária e pela aceitação no mercado, em uma rara sintonia de que bem poucos escritores podiam se gabar, mas que também sofrera uma reviravolta positiva na vida afetiva. Editado no país e no exterior, lido aqui e lá, premiado e condecorado, convocado para conferências e colóquios em todas as partes, resenhado e estudado sob a forma de críticas, artigos e ensaios para revistas literárias, e até em patamar superior, de monografia, graças aos livros *O essencial sobre José Saramago* (1987), de autoria de Maria Alzira Seixo e sob o nome da prestigiada IN-CM, e *José Saramago entre a história e a ficção: uma saga de portugueses* (1989), da pesquisadora brasileira Teresa Cristina Cerdeira da Silva, o autor tinha sua realização profissional como artista mais que assegurada. E agora aparecia-lhe Pilar del Río! Não fosse a degradação da vida política em sentido contrário ao de suas aspirações e tudo teria sido perfeito.

## O encontro com Pilar del Río

Com todo o direito e como a esmagadora maioria das pessoas, José Saramago sempre foi muito circunspecto a respeito de suas relações afetivas e da esfera privada. Pouco ou nada sabemos da vivência em comum, entre o início da década de 1940 e o ano de 1970, com Ilda Reis, sua primeira esposa e mãe de sua única filha. O mesmo a respeito da convivência com a companheira Isabel da Nóbrega, cuja relação teria se mantido de 1970 a meados dos anos 1980. A dedicatória da primeira edição de *O ano da morte de Ricardo Reis* ainda é "À Isabel, outro livro, o mesmo sinal", repetindo assim o escritor a prática de lhe dedicar os livros que publicava desde as crônicas de *Deste mundo e do outro* (1971). A partir daquele romance de 1984, todas as referências desaparecem e as reedições das obras até aí publicadas deixam de trazer tais dedicatórias.

No caso de Pilar del Río, sabe-se um pouco mais, sobretudo porque a jornalista espanhola revelou generosamente os contornos gerais da origem e evolução da relação com Saramago em uma entrevista a Juan Arias destinada ao livro *José Saramago. El amor posible*, o qual é, em essência, composto por conversas com o próprio escritor e integra essas "confissões" no capítulo final. Na época em que se conheceram, Pilar del Río trabalhava como jornalista na TVE (televisão estatal espanhola) em Sevilha. Por acaso, ela e algumas amigas encontraram em uma livraria o *Memorial del convento*, e Pilar ficou impressionada com a leitura da obra, cuja dimensão marxista e atenção à voz feminina encarnada em Blimunda não lhe escaparam na qualidade de mulher ligada aos meios comunistas espanhóis. Retornou lá para comprar outras obras do autor e adquiriu *El año de la muerte de Ricardo Reis*, outro romance então traduzido para o castelhano pela Seix Barral.

"Acabei de ler o livro a chorar compulsivamente porque estava a terminar e perguntava-me: que vou fazer o resto da minha vida se o livro está a acabar? Então decidi ir percorrer os lugares de Lisboa que aparecem no romance e pareceu-me de justiça telefonar ao escritor para lhe agradecer o livro e a emoção que me tinha oferecido" — assim Pilar define o início do contato com Saramago. Entretanto, mesmo antes de conhecê-lo pessoalmente, faria um programa de televisão sobre ele, e a visita a Lisboa aconteceria em junho de 1986. Consegue marcar um encontro com Saramago, que a leva ao túmulo de Pessoa no Cemitério dos Prazeres, a outros lugares do roteiro pessoano, e leem ambos fragmentos da obra. Daí nasceriam uma amizade e uma troca de correspondência baseadas em literatura, com ela a lhe enviar resenhas da imprensa espanhola a respeito dos livros dele e Saramago a lhe recomendar leituras de escritores portugueses. A relação epistolar começaria a evoluir para algo mais profundo quando, na quinta carta que enviava, o escritor lhe perguntava se haveria algum inconveniente em uma visita sua a Sevilha. Após outras visitas, a relação sedimenta-se, e Pilar se mudará para Lisboa, onde se casará com o escritor em 29 de outubro de 1988. Ela tinha 37 anos e ele, 66. Desde então vivem juntos. De fins de 1988 a início de 1993, na rua dos Ferreiros. Depois, na Ilha Canária de Lanzarote.

## Na gênese do "estilo saramaguiano"

A primeira vez em que um longo parágrafo se espraia por quase duas páginas em diálogo desprovido das convenções normais, com o narrador transformado em destinatário-interveniente da fala da personagem e sem nenhum ponto final, ocorre nas páginas 42 e 43 de *Levantado do chão* (primeira edição). Não era ainda a roda de companheiros nem a plurivocalidade, mas nascia aí de modo mais evidente o estilo próprio de Saramago.

> Correm os lobisomens os seus desatinados, por encruzilhadas, má sina que lhes vem, meus senhores, não saberei de que mistérios, são encantamentos, em dia certo da semana saem de suas casas e na primeira cruz dos caminhos despem-se e rojam-se no chão, espojam-se, transformando-se na causa do rasto que por ali haja, Qualquer rasto, ou só de animal mamífero, Qualquer rasto, meu senhor, que até uma vez houve um homem que se transformava em roda de carro, andava por aí a girar, a girar, uma aflição, mas o mais de costume é tornarem-se bichos, como foi o caso muito falado e verdadeiro daquele homem, não me lembro é o nome, que morava com a mulher no Monte do Curral da Légua, para as bandas da Pedra Grande, e o fado dele era sair todas as noites de terça-feira, mas esse sabia do seu estado e por isso avisava a mulher que nunca abrisse a porta quando ele estivesse por fora, ouvisse ela o que ouvisse, e nessas alturas eram gritos e barulhos que faziam gelar

o sangue a um cristão, ninguém era que dormisse, mas uma vez a mulher encheu-se de coragem, é que as mulheres são muito curiosas, tudo querem averiguar, e resolveu abrir a porta, Que foi que viu, Ai Jesus, viu na sua frente um enorme porco, assim como um varrasco de cobrição, com uma cabeçorra deste tamanho, assim, e vai ele atirou-se a ela como um leão para a devorar, sorte foi ela ter conseguido fechar a porta, porém não tão depressa que o porco, ao abocar, lhe não tivesse arrancado um bocado da saia, ora agora imagine-se o horror da infeliz, quando o marido voltou para casa, já madrugada, trazia na boca o bocado de pano arrancado, o que valeu é que tudo ficou assim explicado, ele contou-lhe que de todas as vezes que saía se transformava num animal, e daquela fora em porco, e que lhe podia ter feito mal, para a outra vez não abrisse a porta, que ele não podia responder por si, Grande caso, A mulher foi falar aos sogros, que ficaram muito incomodados por filho seu ter dado em lobisomem, não havia outro na família, e então procuraram uma virtuosa que lá fez as rezas e os esconjuros próprios para estes acidentes e disse que lhe queimassem a copa quando ele estivesse transformado em lobisomem, que nunca mais tornaria, e assim foi, remédio santo, queimaram-lhe o chapéu e curou-se, Seria porque sendo o mal na cabeça, sarava-se queimando o chapéu, Isso não sei, que a mulherzinha não disse, mas ainda lhe conto outro caso, aqui bem perto do Ciborro viveu há pouco tempo um casal numa quinta, são tudo acontecidos de entre marido e mulher, porque será, esses criavam galinhas e outros animais de capoeira, e então todas as noites o marido, este era todas as noites, levantava-se da cama, ia para o quintal e punha-se a cacarejar, imagine para o que lhe daria, quando a mulher o espreitava do postigo via-o transformado numa galinha muito grande, Do tamanho do porco, Ai, não acredita, então ouça o resto, este casal tinha uma filha e como a filha ia casar, mataram muitas galinhas para a boda, era a riqueza deles, mas nessa noite a mulher não sentiu levantar-se o marido nem o ouviu cacarejar, nem calcula o que tinha sucedido, o homem foi ao sítio onde tinham matado as galinhas, pegou numa faca, ajoelhou-se ao pé do alguidar e enterrou a faca na garganta, ali se ficou, quando a mulher deu com a cama vazia e foi à procura do marido, encontrou-o já sem vida e o sangue as golfadas, são os fados, é o que lhe digo.

# 7. O veto do governo PSD a *O Evangelho segundo Jesus Cristo* e o "exílio"

# (1991-1994)

## O EVANGELHO HERÉTICO

O início da década de 1990 parecia estar bem encaminhado para Saramago. Preparava *O Evangelho segundo Jesus Cristo*. A ópera *Blimunda*, que Azio Corghi adaptara de *Memorial do convento*, estreara sob aclamação generalizada no renomado Teatro alla Scala (Milão), em 20 de maio de 1990. Contudo, mais para o fim desse ano, o escritor sofreu um descolamento de retina em Roma e acabou por ser submetido a uma operação em meio a temores de perda de visão.

Passado o susto, voltaria ao livro. A ideia sob a costumeira forma inicial de título ocorrera-lhe em 1987, quando, numa das então frequentes visitas a Sevilha para se encontrar com Pilar del Río, julgou ver numa banca de jornais o título "O Evangelho segundo Jesus Cristo". Essa ilusão de ótica ficaria germinando na mente do autor e dois anos depois ele escreveria estas anotações em um de seus cadernos:

> Bolonha, 12 de abril de 1989, de manhã, pinacoteca, evidência súbita, iluminação, deslumbramento quase, a história encontrou os seus pontos de apoio e ligação. [...] Jesus tem um encontro com Jeová que lhe revelará o futuro, não apenas o seu próprio, mas também o da religião que será fundada na morte necessária do mártir. Jesus recusa esse papel e foge. A história a contar será então a de uma longa mas não interminável fuga. Os milagres serão operados por Jeová à frente de Jesus para o forçar a aceitar a proposta. [Entrevista concedida ao *Expresso*, 2 de novembro de 1991]

Entretanto, viria a etapa da documentação e da leitura cuidadosa dos materiais necessários à efetivação da obra. Segundo o escritor, a base central assentou-se no relacionamento intertextual com os evangelhos, o Novo Testamento e o Velho Testamento. Partia, portanto, mais de uma nua reinterpretação criativa da Bíblia do que de uma rede erudita de palimpsestos em que caberiam desde dezenas de "evangelhos apócrifos" a Renan; desde Papini a *A última tentação de Cristo*, de Nikos Kazantzakis, e tantos outros. Ao lado do essencial suporte bíblico, Saramago desenvolveu uma investigação sobre "a época, a história do tempo, o modo de viver, os costumes, a habitação, os trajos, a comida, isso tudo, sobre que ia assentar o meu edifício ficcional". Lê então livros como *La sinagoga cristiana*, de Josep Torrens, ou *Jerusalém no tempo de Jesus*, de Joachim Jeremias. Consulta amigos judeus versados nessas questões, como Sam Lévy. Vai mesmo a Israel. Estuda materiais iconográficos como certas gravuras de Dürer, que lhe servirão como fonte de inspiração para a abertura da obra. O resto foi feito pela imaginação criadora do ficcionista.

*O Evangelho segundo Jesus Cristo* acabaria por ser concluído em agosto de 1991, depois de Saramago e a esposa se instalarem dois meses numa casa de campo de alguns amigos, perto do rio Lisandro, junto da Ericeira. Nesse retiro, o escritor encontrou a paz necessária para escrever boa parte do livro.

E que livro era! O espectro da heresia perpassava-o de um lado a outro, desconstruindo as verdades canonizadas por sucessivos concílios com base nos evangelhos de Mateus, Marcos, Lucas e João. E fazia isso em episódios e trechos inesquecíveis, de que a travessia do lago Tiberíades em uma barca onde Deus, o Diabo e Jesus se juntam e a litania do futuro de todos os mártires do cristianismo talvez sejam os mais paradigmáticos. Eis excertos:

> Quero saber mais, disse Jesus quase com violência, como se quisesse afastar a imagem que

de si mesmo se lhe representara, suspenso duma cruz, ensanguentado, morto, Quero saber como chegarão as pessoas a crer em mim e a seguir-me, Pois bem, edificar-se-á a assembleia de que te falei, mas os caboucos dela, para ficarem bem firmes, haverão de ser cavados na carne, e os seus alicerces compostos de um cimento de renúncias, lágrimas, dores, torturas, de todas as mortes imagináveis hoje e outras que só no futuro serão conhecidas, Finalmente, estás a ser claro e direto, continua, Para começar por quem tu conheces e amas, o pescador Simão, a quem chamarás Pedro, será, como tu, crucificado, mas de cabeça para baixo, crucificado também há de ser André, numa cruz em forma de X, ao filho de Zebedeu, aquele que se chama Tiago, degolá-lo-ão [...]. Conta, quero saber tudo. Deus suspirou e, no tom monocórdico de quem preferiu adormecer a piedade e a misericórdia, começou a ladainha, por ordem alfabética para evitar melindres de precedências, Adalberto de Praga, morto com um espontão de sete pontas, Adriano, morto à martelada sobre uma bigorna, Afra de Ausburgo, morta na fogueira, Agapito de Preneste, morto na fogueira, pendurado pelos pés, Agrícola de Bolonha, morto crucificado e espetado com cravo [...], Hermenegildo, machado, Hierão, espada, Hipólito, arrastado por um cavalo, [...] Sabiniano de Sens, degolado, Sabino de Assis, lapidado, Saturnino de Toulouse, arrastado por um touro, Sebastião,

> flechas [...]. Venâncio de Camerino, degolado, Vicente de Saragoça, mó e grelha com puas, Virgílio de Trento, outro morto por tamancos, Vital de Ravena, lança, Vítor, decapitado, Vítor de Marselha, degolado, Vitória de Roma, morta depois de ter a língua arrancada, Wilgeforte, ou Liberata, ou Eutrópia, virgem, barbuda, crucificada, e outros, outros, outros, idem, idem, idem, basta.

E a litania continuaria nas cruzadas guerreiras, nas guerras religiosas entre os próprios cristãos, na Inquisição e em todos os morticínios da carne nos conventos e mosteiros até culminar em "Era preciso ser Deus para gostar tanto de sangue". Era a negação de toda uma cultura judaico-cristã que se transmudara de contrapoder em instituição dominante, repressora e autorreferencial contra a própria humanidade.

Porém, isso já estava incorporado na parte mais secundária da narrativa e era sobretudo na intriga ficcional da vida anterior de Jesus que começavam a germinar todas as heresias e heterodoxias. A criança nascera da carne de Maria e de José. José era um criminoso por omissão, um cúmplice da matança dos nascituros ordenada pelo rei Herodes, às voltas com a culpa e o remorso devido a não ter feito o mínimo gesto para avisar as outras famílias e só ter se preocupado com os seus. Jesus herdara a culpabilidade paterna, era em parte educado pelo Diabo disfarçado e vivia maritalmente com Maria de Magdala (Maria Madalena). Os milagres vinham truncados e o da ressurreição de Lázaro fracassara intencionalmente. E Jesus estava dominado por um Deus autofagicamente comprometido com a busca do poder infinito e com ele mantinha uma relação bastante atormentada e conflituosa.

Nem todas as possibilidades ficcionais da vida de Jesus eram propriamente inéditas, uma vez que, por exemplo, a rejeição da imaculada concepção ou a sustentação da relação sexual entre Jesus e Maria Madalena aparecem já em alguns dos evangelhos apócrifos, mas o conjunto ficcional era sem dúvida original, poderoso e suficientemente polêmico para desatar reações de extremo desagrado em setores mais conservadores do catolicismo.

Saramago sabia que *O Evangelho segundo Jesus Cristo* teria esse efeito e acertou no que iria ocorrer até certa medida, pois previa que a Igreja portuguesa como instituição não reagiria, que um ou outro dignitário mais elevado arremeteria contra a obra e os padres de expressão secundária o fulminariam por intermédio da imprensa católica. E assim se deu. A Igreja ignorou oficialmente o livro. Na alta hierarquia, o arcebispo de Braga proferiria uma homilia destemperada contra o "escritor português, ateu confesso e comunista impenitente" que teria feito um "livro blasfemo", desrespeitando a identidade do povo português. Em jornais regionais, como *A Voz de Trás-os-Montes*, escreviam-se passagens do seguinte teor: "Por dever de ofício, tive de ler um livreco pestilento e blasfemo onde o enfunado autor se enterra até às orelhas nas escorrências que destila como falsário, aleivoso e cínico!". De fato, essas reações lhe eram indiferentes. Ele já era mais do que conhecido e consagrado para precisar se utilizar de ficções provocadoras para se promover ou para responder a tais ataques.

Aliás, nem todas as reações adversas dos meios católicos tinham propriamente esse tom ofensivo e quase de excomunhão. Alguns raros sacerdotes progressistas chegariam mesmo a considerar que a obra não era necessariamente herética; ousara dar voz a quem não a tinha e alertava para a necessidade de a Igreja reverter o sacrifício das pessoas às estruturas, devendo ser respeitada como perspectiva ficcional de um não crente.

Nem o próprio Saramago refutaria absolutamente tudo na tradição e atualidade cristãs. Além de certas expressões artísticas e musicais, havia também figuras de grande humanidade como são Francisco de Assis, acerca de quem fizera uma peça de teatro, e de rara riqueza intelectual, como o Padre Antônio Vieira, a respeito do qual tinha em preparação uma biografia romanceada que não chegaria nunca a ser concluída... E, por certo, os homens e as mulheres que, sob a influência da teologia da libertação, por boa parte da América Latina lutam ao lado dos camponeses pobres e sem-terra também lhe mereceriam simpatia.

O que Saramago não previra e bem poucos esperariam em uma sociedade que atingira uma mínima maturidade democrática era que uma obra de ficção fosse alvo de censura decretada a partir do próprio governo do país.

## O VETO

Com efeito, tal anomalia surgiu inesperadamente pela decisão da Secretaria de Estado da Cultura de suprimir *O Evangelho segundo Jesus Cristo* de uma lista de livros propostos por instituições culturais como o PEN Club Português e a Seção Portuguesa da Associação Internacional de Críticos Literários para o Prêmio Literário Europeu, criado havia pouco pela própria CEE. O principal agente dessa exclusão foi o subsecretário Sousa Lara, que a justificou por ser a obra "profundamente polêmica, pois ataca princípios que têm a ver com o patrimônio religioso dos cristãos e, portanto, longe de unir os Portugueses, desunia-os naquilo que é seu patrimônio espiritual". De início, contou visivelmente com o apoio de todo o governo e da esmagadora maioria do PSD.

Segundo Saramago, não era a primeira vez que Sousa Lara o discriminava. Em entrevista concedida ao *Público* de 10 de maio de 1992, ele esclareceria:

> Na relação do senhor Sousa Lara comigo, este não é o primeiro episódio. Já este ano, o que me leva a crer que tudo isto tem origem no *Evangelho segundo Jesus Cristo*, foi enviado, penso que em fevereiro, um pedido de subsídio para que eu me deslocasse a Paris, à Expolangues, e o senhor subsecretário de Estado não fez censura porque não tomou decisão alguma: exerceu o veto de ga-

> veta. Mais grave, porém: recentemente, em abril, a Universidade francesa de Clermont-Ferrand convidou-me para lá ir. E mais uma vez foi feito, através do Instituto Português do Livro e da Leitura, o pedido de apoio para a viagem. O IPLL limitou-se a passar o pedido a quem tem o poder de decidir, mais uma vez ao senhor Sousa Lara. Que respondeu que não haveria subsídio para mim e que ele sugeria outro escritor. Sei o nome do escritor alternativo, que não tem nada que ver com o assunto com certeza. Mas a Universidade de Clermont-Ferrand respondeu: "Está muito bem, mas quem nós queremos cá é o senhor Saramago". E eu lá fui, o Estado português não gastou um tostão. Portanto, o veto para o Prêmio Literário Europeu é o terceiro caso de censura que sofro este ano.

Contudo, agora tratava-se de censura de caráter inquisitório tornada pública e publicamente justificada a partir do seio do governo em um gesto que fazia lembrar o caso tão polêmico da perseguição dos fundamentalistas islâmicos contra *Os versos satânicos* de Salman Rushdie, pois trazia em si a mesma essência de ato estatal contra a liberdade de criação artística em nome de valores religiosos.

Entre fins de abril e junho de 1992, o assunto ganhou contornos de escândalo nacional e rumou até para o exterior. Foi debatido em pleno Parlamento. Provocou tensões entre o governo e a presidência da República.

Chegou à política internacional e às mais altas instâncias comunitárias. Concitou o repúdio unânime dos meios culturais. Em 29 de abril, foi agendado para debate em pleno hemiciclo de São Bento, tendo o deputado socialista Jaime Gama declarado que "as razões invocadas para eliminar certas obras são inaceitáveis e ainda recentemente foram praticadas no Irã de Khomeini", e Santana Lopes, então secretário de Estado da Cultura, retorquido com evasivas desfocadas do eixo do problema, como a necessidade de separar Estado e sociedade civil em certas atribuições culturais, e a acusação contra a presidência da República de ingerências no seu campo de atuação por Maria Barroso estar alinhada com Saramago e outros artistas na Frente Nacional para a Defesa da Cultura. Em meados de maio, a exclusão de *O Evangelho segundo Jesus Cristo* motivou uma carta de Jack Lang, ministro da Cultura e da Educação Nacional francês, na qual afirmou que "não hesitamos em considerar este gesto como um ato inaceitável que atinge um dos maiores escritores do nosso tempo". E a própria presidência do Parlamento europeu aprontou um documento: "[...] declara-se inaceitável que um prêmio literário europeu possa ser afetado por uma discriminação que viola o princípio da igualdade em matéria de religião e de ideologia". Entretanto, os escritores portugueses unificaram-se amplamente em um protesto que reuniu desde Urbano Tavares Rodrigues a David Mourão-Ferreira, de José Cardoso Pires à própria Agustina Bessa-Luís, cujos compromissos com o cavaquismo eram evidentes. Em sessão de desagravo na Sociedade Portuguesa de Escritores, Natália Correia resumia a essência do processo à luta contra o "espírito censório".

Enquanto isso, outros escritores indicados para o prêmio em questão retiraram suas obras do concurso em solidariedade a Saramago. Pedro Tamen retirou *Tábua das matérias* e Fiama Hasse Pais Brandão fez o mesmo com *Obra breve*. Só Agustina, cujo *Vale Abraão* substituiria a obra vetada, se manteve.

Com a evolução do escândalo, Sousa Lara contaria apenas com o apoio sólido dos setores clericais tradicionalistas e da imprensa da extrema direita. O arcebispo de Braga e muitos outros padres declararam-no expressamente. Jornais como *O Diabo* aproveitaram o ensejo para desencadear uma campanha contra Saramago a pretexto do episódio dos saneamentos no *Diário de Notícias* em 1975. Por seu lado, o governo e o PSD foram forçados a adaptar um perfil de baixa intensidade ante o coro dilatado de protestos no país e no exterior. Santana Lopes deu instruções para recomeçar todo o processo de seleção do candidato português ao Prêmio Literário Europeu e retirou de Sousa Lara os poderes sobre o assunto. O PSD apoiou-se em subterfúgios para deixar esmorecer a polêmica do ato censório; houve setores mais truculentos que homenagearam Sousa Lara e voltaram a insistir na discriminação contra Saramago (em 1993, a maioria "laranja" da Câmara Municipal de Mafra recusou uma proposta para atribuir a medalha de ouro do concelho ao escritor); e encontrou em Duarte Lima e Pacheco Pereira vozes contrárias ao ato inquisitório de Sousa Lara.

Contudo, José Saramago não aceitaria que *O Evangelho segundo Jesus Cristo* voltasse a ser inscrito no concurso ao Prêmio Literário Europeu, conforme o governo agora aceitara na sequência da reviravolta inesperada tida pelo seu ato censório. Em carta enviada a Rafael Conte, presidente do júri internacional desse prêmio, o escritor foi peremptório:

> Não aceito esta decisão, em primeiro lugar porque nenhuma autoridade se pode arrogar o direito, sejam quais forem os fins e os motivos, de se servir duma obra contra a vontade do seu autor, e em segundo lugar porque, não sendo a deontologia, para mim, uma palavra vã, me recuso absolutamente a ocupar um lugar que antes esteve ocupado por outro colega de profissão, independentemente das razões por que lá o colocaram. [Carta datada de 8 de junho de 1992]

Pelo sim, pelo não, essa diferença particular entre Saramago e o PSD só seria dada por definitivamente encerrada doze anos depois. Durão Barroso, ministro dos Negócios Estrangeiros do governo cavaquista que o vetara e primeiro-ministro à época da reconciliação, escrevera no *Expresso* de 3 de abril de 2004 que, "na sua escala de valores, a arte e a cultura se situam num plano superior ao de qualquer contingência ou cálculo político-partidário. [...] Por isso mesmo não me revejo em processos que, no passado, discriminaram Saramago por causa de algumas das suas opções individuais". Em almoço realizado doze dias depois entre o escritor e Durão Barroso o caso ficava selado. Enfim, tudo teria sido evitado se a Secretaria de Estado da Cultura tivesse se limitado a dar o aval administrativo que constava do espírito do processo de seleção de candidatos ao Prêmio Literário Europeu, o que aliás fizera no ano anterior em relação a *História do Cerco de Lisboa* do mesmo Saramago, ou, olhando para o passado, aceitasse a lição de Krus Abecasis por ocasião da outorga do Prêmio Cidade de Lisboa a *Levantado do chão* em 1981.

## O "EXÍLIO" EM LANZAROTE

Embora *O Evangelho segundo Jesus Cristo* tivesse valido a Saramago o único prêmio literário português para uma obra particular que faltava a seu *palmarès* e o livro confirmasse a invejável penetração no mercado nacional e até internacional, o escritor ficara muito desgastado. Desabafou então que qualquer dia partiria para fora do país e a imprensa começou a circular notícias sobre essa partida como uma resposta ao ato censório do governo. Houve mesmo quem desse contornos sensacionalistas ao caso, fazendo paralelo exagerado entre o exílio forçado de Salman Rushdie e a possível partida de Saramago. Como se conhece bem, a verdade é que nem a conquista do Grande Prêmio de Romance e Novela da APE, cuja sombra o perseguia havia uma década, nem os mais de 100 mil exemplares de *O Evangelho segundo Jesus Cristo* vendidos em Portugal e outros 40 mil no Brasil foram motivação suficiente para permanecer numa terra cujo governo o tratara de maneira tão censória. Assim, o escritor e Pilar del Río mudaram-se de Lisboa para Lanzarote, nas Ilhas Canárias.

A rigor, Saramago faria de certo modo uma eventual relação direta de causa e efeito entre o ato de Sousa Lara e a partida para território espanhol. Em uma entrevista à revista *Visão* de 25 de março de 1993, quando vivia em Lanzarote havia cerca de um mês, o escritor esclareceu: "Os meus cunhados vivem na ilha há anos, e em 1991, aproveitando uma passagem por Las Palmas e Tenerife, viemos vê-los. Gostamos logo muito. Depois passamos cá um fim de ano e, ao voltarmos a Lisboa, diz-me a Pilar: e se fizéssemos uma casa em Lanzarote? Respondi: estás doida! Mas perco sempre. Iam assim as coisas quando aconteceu o Lara". Mais tarde, desmistificaria a ideia de que seria uma espécie de "exilado político":

> Dizer, como tem aparecido em certa imprensa pouco cuidadosa da verdade, que eu sou ou me considero um "exilado político" é simplesmente uma estupidez de que não sou responsável. Comparar-me a Salman Rushdie, como também se tem feito, é outra e ainda maior estupidez. As palavras devem ser respeitadas, tanto quanto a verdade das situações. Dito isto, é também verdade que eu não estaria a viver em Lanzarote se não tivesse vindo

> ao mundo um sujeito chamado Sousa Lara e não tivesse Portugal um governo, todo ele, capaz de dar cobertura cobarde ao seu vergonhoso ato de censura. Nunca havia pensado viver fora de Portugal.

Portanto, Saramago seria um exilado voluntário e jamais cortaria as amarras com Portugal, aonde voltaria recorrentemente e onde manteve sua casa lisboeta da rua dos Ferreiros, próximo da Estrela.

Após comprar um terreno junto ao da casa do cunhado e de mandar fazer lá uma casa térrea com um mirante, Saramago instalou-se com a esposa em Tías, perto da capital da Ilha Canária de Lanzarote e com uma ótima vista para o oceano, em fevereiro de 1993. Algum tempo depois se tornaria proprietário de uma outra parcela do terreno para não correr o risco de perder parte da excelente vista. Afinal, ser um escritor de sucesso permitia tais gastos. "Aquilo que me deu para respirar foi o *Memorial*, recebido de braços abertos, e mais tarde, a repercussão internacional, as traduções", dizia o escritor.

Enfim, deixemos para trás tais pormenores e centremos a atenção nos projetos literários que Saramago tinha em mãos desde que se instalara em Lanzarote. Para tal, e deixando de lado a peça de teatro *In Nomine Dei*, que parece ter sido concluída antes da mudança, o diário dos *Cadernos de Lanzarote* é fonte indispensável. Um era de pouca monta e foi terminado rapidamente. Era o "Conto burocrático do capitão do Porto e do diretor da alfândega". Outro tinha a ver com a possibilidade de escrever, para uma série que passaria na RTP (Rádio e Televisão de Portugal), uma história sobre dom João II, cuja "ideia [...] seria utilizar a feitura do *Retábulo de São Vicente*, que se situa em cheio na época, como uma das chaves da narrativa. [...] Contra a iconografia oficial, neste malogrado 'D. João II', o homem do chapeirão iria ser D. Duarte, e o infante D. Henrique o cavaleiro de joelho em terra que aparece no chamado 'painel do arcebispo'... E o rosto do santo seria retocado, depois de 1491, para ficar como retrato do infante D. Afonso...". Germinava algo que seria cortado pela raiz pelo fato de a RTP decidir não encomendar o trabalho a Saramago, ao que parece devido à oposição de um comandante da Marinha que chefiou a Comissão dos Descobrimentos e teria convidado a escritora Lídia Jorge para essa tarefa sobre dom João II, declarando-lhe não querer Saramago por não estar interessado em visões marxistas da História.

Um terceiro projeto era *Ensaio sobre a cegueira*, e é possível acompanhar um pouco o seu desenvolvimento: "[...] como meter no relato personagens que durem o dilatadíssimo lapso de tempo narrativo de que vou precisar?" (Anotação de 18 de abril de 1993); "Dificuldade resolvida. Não é preciso que as personagens do *Ensaio sobre a cegueira* tenham de ir nascendo cegas, uma após outra, até substituírem, por completo, as que têm visão: podem cegar em qualquer momento. Desta maneira fica encurtado o tempo narrativo" (21 de junho de 1993); "Escrevi as primeiras linhas do *Ensaio sobre a cegueira*" (2 de agosto de 1993); "Decidi que não haverá nomes próprios no 'Ensaio'" (15 de agosto de 1993). E assim por diante avançaria essa obra que apenas teria fim dois anos depois, em agosto de 1995.

Em viagens pelo mundo motivadas por conferências, prêmios literários, homenagens, visitas de variadas pessoas à nova casa e longas caminhadas na ilha, corria a vida de Saramago em Lanzarote. Antes do lançamento de *Ensaio sobre a cegueira*, os dois primeiros anos no retiro canário foram entrecortados por uma visita a Londres para receber o Prêmio Literário do *The Independent* para o melhor romance traduzido na Inglaterra em 1992 (no caso, *O ano da morte de Ricardo Reis*), outra a Münster para assistir à estreia da ópera *Dívara*, de seu *In Nomine Dei*, e diversas viagens a Portugal e a outros países. Na casa de Tías, acolheu familiares, camaradas, curiosos da obra, jornalistas e amigos. Lá recebeu copiosa correspondência de admiradores e depreciadores, e amostras múltiplas da consagração de sua obra no interior das universidades portuguesas e estrangeiras, sendo a tese de doutoramento por Yale do pesquisador brasileiro Horácio Costa intitulada "José Saramago. O período formativo" a mais relevante delas.

E, nas suas explorações a pé pelas montanhas, pelas crateras e pela geografia quase lunar da ilha, na *montaña* Blanca ou na *montaña* del Fuego, emergia-lhe uma questão: "[...] será Lanzarote, nesta altura da vida, a Azinhaga recuperada? As minhas deambulações inquietas pelos caminhos da ilha, com o seu quê de obsessivo, não serão repetições daquela ansiosa procura (de quê?) que me levava a percorrer por dentro as marachas do Almonda, os olivais desertos e silenciosos ao entardecer, o labirinto do Paúl do Boquilobo?". Estaria ante alguma espécie de recomeço? Teria a paisagem árida, vulcânica e dos confins do mundo que ele encontrava pelas caminhadas do exílio voluntário, e a propósito desse mesmo exílio, influência na sua obra, que agora começaria a ter perfis distintos dos da década de 1980?

## Cartas de leitores pró e contra *O Evangelho segundo Jesus Cristo*

*O Evangelho segundo Jesus Cristo* deu origem a múltiplas peripécias invisíveis, entre as quais estava a recusa da tradutora sueca a verter para a sua língua obra contrária às crenças que sustentava e a profusão de cartas de indivíduos religiosos que exalavam tanto ódio quanto compreensão em face do livro herético.

Nos *Cadernos de Lanzarote*, o escritor noticiou e transcreveu trechos dessas cartas. Na anotação referente a 30 de outubro de 1994, aparecem estes versos *ipsis verbis* que alguém lhe enviou de Riba d'Ave:

> e se tu fores inteligente
> e também muito coarente
> ouves o galo a cantar

pois o teu fraco evangelho
não há de chegar a velho
nem muletas tem para andar

porque eu fiz o sol e as estrelas
e também todos os planetas
e a terra pus a girar
e criei todos os animais
e muitas aves e pardais
e também a ti que me queres iliminar
[...]

e agora para terminar
não me procures desafiar
como tens feito até agora
e pensa bem no teu viver
porque a mim não me farás morrer
mas tu num instante te vais embora

e sabes onde vais cair
se não te quiseres redimir
do teu tão mau proceder
é no tormento infernal
que te condena o tribunal
e depois é tarde para compreender.

Anonimamente, remeteram-lhe uma folha com três medalhinhas de alumínio pretensamente milagrosas por influência das aparições de Lourdes e com a frase "Nossa Senhora ama-o muito Sr. José Saramago!". Deixando de lado o tom irônico, eis uma carta bem mais séria e digna de todo o respeito provinda de uma leitora do Porto:

> Acredito em Deus (sou "protestante"), voto desde sempre no PSD e no dia 16 de março um exame médico confirmou que a minha Mãe ia morrer. O mundo virou-se de pernas para o ar e as certezas absolutas deixaram de fazer sentido. Emprestaram-me o seu Evangelho há um ano. Resolvi lê-lo, provavelmente porque estava zangada com Deus.
>
> [...] A minha Mãe morreu há um mês. Continuo a acreditar em Deus e é n'Ele que eu encontro sentido para a vida. Não consigo compreender muita coisa. Não consigo compreender as críticas aos seus livros por parte da Igreja. Se as pessoas têm realmente fé e têm a certeza das suas convicções, então por que o medo, o pavor de ler um livro do Saramago? [*Cadernos de Lanzarote*, 26 de julho de 1994]

# 8. O ciclo da alegoria e outras obras (1995-2008)

## O fim da razão?

Afinal, o que muda e o que permanece na ficção saramaguiana? De um lado, e tendo consciência de que parte das inovações havia já germinado aqui e ali nas obras do escritor, há o corte com a realidade portuguesa, a ruptura mais geral com coordenadas espaçotemporais concretas, o "enxugamento" do estilo barroco, a transmudação da tendência "coral" na concentração em personagens individuais e a metamorfose do todo ficcional em alegorias. De outro lado, fica a marca oral que tornara Saramago singular, o narrador heterodiegético intrometido e a utilização de provérbios, ditos populares e outras miudezas de uma linguagem mais próxima do cotidiano para efeitos narrativos inesperados. Numa visão de conjunto, o traço dominante mais inovador parece confluir para o fato de estarmos agora diante de alegorias que funcionam como distopias de um mundo abandonado pela razão. Da barbárie do *Ensaio sobre a cegueira* à gélida burocratização em base ontológica, gnoseológica, ética e política de *Todos os nomes*; da absolutização do mercado em *A caverna* à opacidade da identidade do eu a si próprio em *O homem duplicado* e à ilusão da democracia em *Ensaio sobre a lucidez* — tal parece ser agora o eixo da ficção saramaguiana.

Eventualmente, Lanzarote e a sua geografia lunar poderiam ter dado certa contribuição para a não realização das circunstâncias de tempo e lugar antes em geral associadas a uma vivência visivelmente portuguesa, para um estilo mais seco e caminhos alegóricos. Talvez a globalização do nome e da obra do escritor, anterior, concomitante e posterior ao próprio Prêmio Nobel, tenha também contribuído nessas sendas de ressimplificação e universalização do processo narrativo para permitir um diálogo mais profícuo com leitores que são agora oriundos de todas as latitudes. Porém, cremos que tais transformações da estilística e da arquitetura da narrativa vão integradas numa metamorfização bem mais ampla de alegorizações de uma distopia avessa à dimensão futurística em forte contraste com as subversões portadoras de outros mundos que se encontravam em *Levantado do chão*, em *Memorial do convento* e nas outras obras dos anos 1980. E aqui entrarão provavelmente em conflito fatores histórico-civilizacionais que ultrapassam em muito as circunstâncias biobibliográficas do Saramago que mudou de Portugal para uma ilha seca e cuja obra se globalizou.

No pós-Segunda Guerra Mundial, o planeta conheceu uma evolução relativamente positiva. Depois de 54 milhões de mortos, de muitos mais milhões de feridos e de cerca de 40 milhões de refugiados, a Europa deixava para trás a onda nazifascista e a substituía pela democracia nos países centrais. Principiava uma larga recuperação econômica e acedia à maturidade da sociedade de consumo no quadro do keynesianismo (importantes setores estatais na economia, minimização das taxas de desemprego, forte proteção social via sistemas públicos, universais e gratuitos de saúde, educação e segurança social). A descolonização varria o mundo e alcançava ponto exemplar com a independência da Índia em 1948. A ONU era criada e surgia a Declaração Universal dos Direitos Humanos. E, sobretudo, existia de modo reforçado o apelo contracivilizacional do chamado "socialismo real", que setores amplos das próprias sociedades ocidentais retraduziam num modelo imaginário de ausência de classes sociais e de desigualdades, de boa qualidade de vida e de unidade povo/governo.

Esse cenário dividido entre capitalismo moderado sob a forma keynesiana, "socialismo real" e descolonização tinha, é evidente, sombras na guerra fria, em conflitos bélicos como o da Coreia ou na permanência do fascismo ibérico, mas alimentou durante mais de três décadas a social-democracia e o movimento comunista internacional. Durante o longo consulado da ditadura em Portugal, gerações de antifascistas foram educadas com base nessas coordenadas básicas, regozijando-se muitos com a Revolução Cubana de 1959, outros afirmando a supremacia do keynesianismo e sobretudo do modelo escandinavo, a maioria a favor da resistência dos vietnamitas ao império americano e da necessidade de descolonização dos territórios ultramarinos portugueses.

Chegado o momento da revolução em 1974-1975, tal quadro geopolítico estava ainda atuante e em torno dele se confrontaram as várias opções do PREC. O país saía da crise revolucionária com uma democracia formal que garantia as liberdades básicas, com as nacionalizações em setores fundamentais da economia, com a reforma agrária, com um fortíssimo Partido Comunista e com o Conselho da Revolução transformado em árbitro bonapartista de uma constituição juridicamente muito avançada na rota do socialismo democrático. Em pouco tempo, tudo começaria a mudar, dentro e lá fora.

Entre os portugueses, as agressões à reforma agrária começaram logo em 1977 por intermédio da famosa "lei Barreto" do governo PS e em meados da década de 1980 a área ocupada e o número de UCPs estavam reduzidos a cerca de um décimo do que haviam sido. Em menos de dez anos, o Conselho da Revolução foi extinto e as severas restrições à iniciativa privada no setor financeiro desapareceram através de processos de revisão constitucional. Entretanto, a relativa euforia produzida na sociedade portuguesa pela entrada na CEE em 1986 alteraria bastante o mapa político, com o PSD obtendo a primeira maioria absoluta e o PCP caindo, em votações que tinham chegado aos 20%, para 12% nas eleições de

1987. A marcha acelerada para a destruição efetiva das nacionalizações estava em curso.

Assim seguia a década de 1980 no país quando a própria geopolítica mundial sofreu uma alteração de fundo que bem poucos esperariam. Sabia-se que o "reaganismo" e o "thatcherismo" infligiam golpes no modelo keynesiano imperante entre 1945 e fins da década de 1970 e faziam passar o até então marginal neoliberalismo para o centro da economia. Sabia-se que a CEE visava também favorecer aos poucos essa mudança no paradigma de desenvolvimento econômico. E era óbvio que algumas reformas na antiga União Soviética e os protestos antirregime na Polônia vinham mostrar que o "socialismo real" tinha fragilidades a se corrigir. Contudo, quem poderia prever que, entre 1989 e 1991, no espaço de apenas dois anos, todo o "socialismo real" se pulverizasse por ação das próprias massas populares descontentes com o que parte importante das classes operárias e populares do Ocidente identificava como sociedade-modelo?

Os efeitos foram devastadores para a esquerda internacional e em particular para o movimento comunista internacional. Setores burgueses que antes viam no keynesianismo um obstáculo à ameaça de revoluções comunistas passaram a adotar o neoliberalismo. A social-democracia girou à direita, aplicando políticas de enfraquecimento do Estado-providência e privatizando como os liberais declarados. O aparelho mundial centralizado no Kremlin se desfez. O Partido Comunista Italiano, o maior do mundo ocidental, desapareceu, e a maior parcela alinhou-se com a social-democracia. O Partido Comunista Francês tornou-se fraco. As burocracias africanas nas ex-colônias portuguesas, como o Movimento Popular de Libertação de Angola (MPLA) ou a Frente Revolucionária de Timor-Leste Independente (Fretilin), converteram-se com facilidade ao mercado. A primeira Guerra do Golfo contra o Iraque era uma agressão impensável no âmbito do anterior equilíbrio entre americanos e russos, mas agora tinha livre curso. Enfim, agora o mundo mudara em profundidade e não se tratava apenas de uma correlação de forças desfavorável em determinada conjuntura com boas possibilidades de reversão a curto prazo. Assim estava o mundo no início da década de 1990.

No plano das ideias, a nova situação foi traduzida por um obscuro funcionário da administração Bush (pai) como "fim da história", e da mídia estadunidense transitaria para o globo como a perpetuação conjunta da democracia burguesa e da economia liberal ante o enterro definitivo da alternativa comunista. Na verdade, e de maneira mais sofisticada, alguma filosofia já vinha cunhando desde o fim dos anos 1970 a inviabilidade de uma contracivilizacão oposta ao capitalismo sob a forma da teoria da "pós-modernidade". Jean-François Lyotard e outros argumentavam: a dinâmica racionalista globalizante e emancipadora das Luzes e da Revolução Francesa de 1789 estava morta; as narrativas universais da educação em Humboldt, do espírito absoluto em Hegel ou do proletariado em Marx rumo a uma racionalização paradigmática e progressista não tinham mais sentido; a razão global especializara-se e perdera de vista o todo em uma sociedade de consumo, legítima e democrática, razão por que vivia agora de fragmentos, de multiplicidades e instabilidades bem distantes da verdade global, única e emancipadora, provinda em essência das Luzes setecentistas. Como conjunto, a ciência, a ética e a estética já não eram necessariamente governadas por essa Razão que a própria burguesia invocara para cavar a cova do feudalismo e que os marxistas subverteram a serviço do proletariado como único sujeito histórico que levava a sério a necessidade de difundir os valores formais da Igualdade, da Justiça e da Fraternidade para a realidade concreta das relações sociais.

Para centenas de milhões de homens e mulheres de várias gerações, esse entendimento da Razão, fosse na versão setecentista das Luzes, fosse nas versões idealistas do século XIX ou na marxista, fora válido. Mesmo no liberalismo havia quem o reclamasse. O keynesianismo dera-lhe um mínimo de cobertura. O "socialismo" havia sido o nome da utopia em atualização. Saramago e as gerações portuguesas atuantes até a primeira metade dos anos 1980 acreditavam diversificadamente em tal racionalidade. Agora era dada como falida, indefinida, partida em cacos e incapaz de se afinar com a própria realidade, até mesmo nas ciências exatas. Parecia mais um contrassenso do que qualquer outra coisa.

Ora, será provavelmente na conjunção de todos esses fatores que se encontram as causas determinantes das alegorias distópicas saramaguianas que vão de *Ensaio sobre a cegueira* a *Ensaio sobre a lucidez*. A reversão da reforma agrária e das nacionalizações por intermédio da chamada "normalização democrática" e do novo quadro de integração na CEE. A correlação de forças eleitoral e social desfavorável à esquerda anticapitalista portuguesa desde as maiorias absolutas do cavaquismo. A universalização do neoliberalismo e do mercado sob o enfraquecimento do keynesianismo. A ruína do "socialismo real". A perspectiva "pós-moderna" em lugar da Razão setecentista, emancipadora e revolucionária. Tudo isso estaria, porventura, na base desse ciclo alegórico em forma pessimista e cética.

Não será por acaso que o próprio Saramago se referirá em várias ocasiões ao que lhe parece ser a possibilidade do fim da Razão. Nos *Cadernos de Lanzarote*, escreve numa das primeiras anotações:

> [...] vivi durante muitos anos aferrado à crença de que, apesar de umas tantas contrariedades e contradições, esta espécie de que faço parte usava a cabeça como aposento e escritório da Razão. Certo era que o pintor Goya, surdo e sábio, me protestava que é no sono dela que se engendram os monstros, mas eu argumentava que, não podendo ser negado o surgimento dessas avantesmas, tal só acontecia quando a razão, pobrezinha, cansada da obrigação de ser razoável, se deixava vencer pela fadiga e mergulhava no esquecimento de si própria. Chegado agora a estes dias, os meus e os do Mundo, vejo-me diante de duas possibili-

> dades: ou a razão, no homem, não faz senão dormir e engendrar monstros, ou o homem, sendo indubitavelmente um animal entre os animais, é, também, o mais irracional entre todos eles. [3 de maio de 1993]

Goya ainda reaparecerá nos *Cadernos de Lanzarote* com essa mesma função de alertar para a falta de razão parturiente de monstros, mas será muito interessante constatar que Saramago, mais de dez anos depois e por ocasião de entrevistas concedidas a propósito de *Ensaio sobre a lucidez*, enquadre a sua produção ficcional de meados dos anos 1990 até 2004 precisamente no quadro da "pós-modernidade" e da falta de razão.

> Estamos ou não perante uma obra-ensaio sobre a condição pós-moderna? É um tipo de observação que podemos fazer, sobretudo a partir de *Ensaio sobre a cegueira*. [...] Existe, pois, um processo reflexivo ligado à pós-modernidade e um questionamento. [...] Estamos no fim de uma civilização e num processo de passagem de um tempo com raízes na Revolução Francesa, no Iluminismo, na Enciclopédia, que tende a desaparecer. Não sei o que virá. [*DN*, 25 de março de 2004]

E a *Visão* repete, acrescentando um importante matiz:

> Nós ainda somos descendentes do Iluminismo, da Enciclopédia, dos valores da Revolução Francesa, que durante dois séculos foram referências. Acabamos de atravessar uma ponte e na margem já não há lugares duradouros. Isto não é fatalismo e nada se processa em linha reta: ao mesmo tempo que isto acontece sente-se uma necessidade de voltar atrás, uma insatisfação, sobretudo dos jovens, perante um Mundo que já não oferece nada, só vende!

E é provavelmente essa rebeldia à absolutização do neoliberalismo, do mercado e das guerras do Império que, de forma cética e pessimista, José Saramago começa a oferecer aos leitores nessa alegoria da barbárie irracional que é *Ensaio sobre a cegueira*, por já não ter em contraposição ao sistema capitalista potenciais utopias como em *Levantado do chão* e apelos contracivilizacionais com base nos de "baixo", como em Baltasar, Blimunda e na "passarola voadora" de *Memorial do convento*, obras cujos contornos espaçotemporais concretos, "corais" e mais transparentes na ideologia narrativa estavam ligados a uma época em que os valores da razão globalmente emancipadora ainda tinham raízes bem assentadas na terra. Uma década depois, ideologias e processos históricos bem adversos à Razão atuavam com imensa força. Seria o fim da própria Razão?

## *Ensaio sobre a cegueira* e os romances alegóricos

Na verdade, quem parece ter desencadeado a leitura de *Ensaio sobre a cegueira* e dos romances posteriores como narrativas acerca da irracionalidade de um mundo contemporâneo a serviço do mercado, do lucro e da competição a todo o custo foi o próprio José Saramago. Nos *Cadernos de Lanzarote*, em entrevistas e conversas, destilava várias vezes essa ideia:

> *Imago mundi* lhe chamei [...] imagem aterradora de um Mundo trágico. Desta vez, a expressão do pessimismo de um escritor de Portugal não vai manifestar-se pelos habituais canais do lirismo melancólico que nos caracteriza. Será cruel, descarnado, nem o estilo lá estará para lhe suavizar as arestas. No *Ensaio* não se lacrimejam as mágoas íntimas de personagens inventadas, o que ali se estará gritando é esta interminável e absurda dor do Mundo. [*Cadernos de Lanzarote*, anotação de 4 de março de 1995]

> Estamos cada vez mais cegos, porque cada vez menos queremos ver. No fundo, o que este livro quer dizer é, precisamente, que todos nós somos cegos da Razão. [Entrevista ao *JL*, 25 de outubro de 1995]

E entre 1991 e 1995, quando o livro esteve em gestação, a condição do mundo e do país bem parecia corroborar tal perspectiva para quem havia sido formado em uma percepção de mundo claramente antagônica ao modelo neoliberal que se expandia. A administração Bush (pai) perpetrara vitoriosamente o primeiro massacre estadunidense contra o povo iraquiano, o colapso da República Socialista da Iugoslávia fizera a guerra retornar ao próprio coração da Europa, Sarajevo ardia entre ódios nacionalistas, os conflitos tribais em Ruanda provocaram meio milhão de mortos, as privatizações e as medidas contra a educação, a saúde e a segurança social públicas enfraqueciam cada vez mais o modelo keynesiano, passando ao mesmo tempo certidão de óbito ao "socialismo real". Em Portugal, o panorama se afinava pelo mesmo diapasão de triunfo do "pensamento único" e do seu neoliberalismo: o PSD conquistara duas maiorias absolutas sucessivas; a banca, os seguros e empresas fundamentais de outros setores estavam agora privatizados; o PCP reduzia-se a menos de 10% do eleitorado; o peso social do proletariado concentrado estava diminuído por reestruturações industriais que praticamente liquidaram áreas produtivas da importância da metalomecânica e da construção naval; a CEE avançava à custa de critérios econômicos de contenção de despesas sociais e de salários.

A ideia de *Ensaio sobre a cegueira* ocorrera subitamente a Saramago quando almoçava no restaurante lisboeta Varina da Madragoa e não teria sido nenhum efeito direto do problema com o descolamento da retina, mas sim uma das iluminações que lhe aparecem sob a forma de título e vão amadurecendo pouco a pouco em resultado da sua maneira de entender o mundo, em algum lugar entre o racionalismo crítico das Luzes e o materialismo histórico. Estava-se então em setembro de 1991 e seria necessário esperar por agosto de 1995 para que o livro fosse dado por terminado. Os quatro anos de espera parecem ter decorrido não tanto de alguns outros trabalhos em que esteve envolvido (*In Nomine Dei* e vários dos volumes dos *Cadernos de Lanzarote*), da mudança de casa para as Ilhas Canárias, das andanças pelo exterior ou de uma nova cirurgia nos olhos, mas mais da própria dureza da matéria ficcional. Ao *Expresso*, por exemplo, referiria que: "O tempo da escrita, sobretudo nos últimos tempos, foi de sofrimento, de momentos em que me sentia incapaz de aguentar aquilo que estava a escrever. [...] A certa altura, cheguei a dizer: não sei se consigo sobreviver a este livro. Foi como se tivesse dentro de mim uma coisa feia, horrível, e tivesse que sacá-la. Mas não saiu, está no livro e está dentro de mim" (28 de outubro de 1995). Embora Saramago tivesse já levado uma quinzena de páginas da obra para Lanzarote, é provável que tivesse inutilizado isso (nos *Cadernos* afirma a 2 de agosto de 1993: "Escrevi as primeiras linhas do *Ensaio sobre a cegueira*"), e nos meses de julho e agosto de 1995 escreve cerca de metade da obra para acabá-la em "estado de convulsão".

O caso não seria para menos. A narrativa era de uma dureza inusitada. Paulatinamente, uma epidemia de cegueira toma conta de tudo, exceto de uma única personagem. A internação das primeiras levas de afetados num manicômio resulta em uma esfera concentracionária de enfrentamento de alguns cegos contra outros e nada resolve pelo fato de o alastramento do surto epidêmico alcançar todo o espaço exterior. Os médicos, as autoridades e o próprio governo perdem também a visão. O manicômio é incendiado, a cidade fica em estado de degradação inaudita e o fim da humanidade parece próximo. Pelo caminho, ficam cenas dantescas de exploração econômica, enfrentamento físico e opressão sexual entre os cegos, de que esta é uma cena emblemática:

> [...] o cego da pistola puxou e rasgou a saia da rapariga dos óculos escuros, [...] desceu as calças e, guiando-se com os dedos, apontou o sexo ao sexo da rapariga, [...] empurrou e forçou, ouviu os roncos, as obscenidades, a rapariga dos óculos escuros não dizia nada, só abriu a boca para vomitar, com a cabeça de lado, os olhos na direção de outra mulher, ele nem deu pelo que estava a acontecer, o cheiro do vômito só se nota quando o ar e o resto não cheiram ao mesmo, enfim o homem sacudiu-se todo, deu três sacões violentos como se cravasse três espeques, resfolegou como um cerdo engasgado, acabara. [...] O cego da pistola tinha-se sentado na cama, o sexo flácido estava pousado na beira do colchão, as calças enroladas aos pés. Ajoelha-te aqui, entre as minhas pernas, disse. A

mulher do médico ajoelhou-se. Chupa, disse ele, Não, disse ela, Ou chupas, ou bato-te, e não levas comida, disse ele, Não tens medo que to arranque à dentada, perguntou ela, Podes experimentar, tenho as mãos no teu pescoço, estrangulava-te antes que chegasses a fazer-me sangue, respondeu ele. [...] Não o posso matar agora, pensou. Avançou a cabeça, abriu a boca, fechou-a, fechou os olhos para não ver, começou a chupar.

E em cena apocalíptica:

O lixo nas ruas, que parece ter-se duplicado desde ontem, os excrementos humanos, meio liquefeitos pela chuva os de antes, pastosos ou diarreicos os que estão a ser eliminados agora mesmo por estes homens e estas mulheres enquanto vamos passando, saturam de fedor a atmosfera, como uma névoa densa através da qual só com grande esforço é possível avançar. Numa praça rodeada de árvores, com uma estátua ao centro, uma matilha de cães devora um homem. Devia ter morrido há pouco tempo, os membros não estão rígidos, nota-se quando os cães os sacodem para arrancar ao osso a carne filada pelos dentes. Um corvo saltita à procura de uma aberta para chegar também à pitança. A mulher do médico desviou os olhos, mas era tarde de mais, o vômito subiu-lhe irresistível

> das entranhas, duas vezes, três vezes, como se o seu próprio corpo, ainda vivo, estivesse a ser sacudido por outros cães, a matilha da desesperação absoluta, aqui cheguei, quero morrer aqui.

Enfim, se bem que o livro termine com todos recuperando a visão e a personagem designada por "a mulher do médico" seja uma espécie de fio racional que atravessa toda a narrativa, a enunciação da irracionalidade do mundo contemporâneo parece ficar como lição essencial dessa alegoria e numa perspectiva que não tem nada de transformação futurística. São "Cegos que veem, Cegos que vendo, não veem", conforme nos diz o narrador na última página.

Depois do cruel *Ensaio sobre a cegueira*, cujas equivalências históricas e artísticas foram então relacionadas aos extremos dos campos de concentração nazistas, das cidades antecatástrofes, da *Peste* de Camus ou dos espectros de pesadelo dos quadros de Bosch e Dürer, José Saramago iria se concentrar num novo romance. *Todos os nomes* era seu título. Nos *Cadernos de Lanzarote*, em anotações do dia 6 de janeiro de 1997, o escritor explicaria: o título aparecera-lhe em janeiro de 1996, quando descia de avião em Brasília e refletia acerca das personagens sem nome de *Ensaio sobre a cegueira* e dos nomes de trabalhadores iniciados por todas as letras do alfabeto numa das cenas de *Memorial do convento*; a pesquisa sobre a data exata da morte de seu irmão Francisco fez que removesse a documentação soterrada nos labirintos dos registros e dera a argamassa para pensar numa narrativa em que um medíocre funcionário burocrático se movimentava fastidiosamente na Conservatória em busca de algo; outra vez as personagens compareceriam sem nomes próprios.

A história de *Todos os nomes* arrancaria efetivamente de um funcionário público anônimo que desvia um verbete na Conservatória Geral, vai em busca da mulher aí identificada, entra de modo furtivo nos arquivos da escola onde ela trabalhava, passa pelo cemitério onde afinal ela estava havia tempos morta e parece encetar uma relação com uma viúva que morava no prédio da defunta. Quase toda a narrativa decorre em espaços fechados e escuros. A troca de identidades e a quebra de interditos num mundo hierarquizado não acaba por subverter nada de decisivo. Malgrado a mistura operada entre mortos e vivos, e convém não esquecer que ela já aparece em sentido transformador e produtivo no fim de *Levantado do chão*, o que parece predominar em *Todos os nomes* é uma busca ontológica, gnoseológica e ética fadada ao fracasso global, quando muito tendendo a recomeços continuados no universo opaco e alienado em que se está. Era essa obra mais uma alegoria para dizer uma coisa dizendo outra, para frisar o aqui e o agora, talvez sem futuro, sem frisar nenhum tempo e nenhum espaço em concreto, para centrar mais num personagem quando antes o foco alargava ao conjunto repleto de outra ordem... *Todos os nomes* seria lançado em 3 de novembro de 1997 e era o último romance que Saramago publicaria antes do Prêmio Nobel.

Entre a notícia da atribuição desse prêmio e a publicação de *A caverna*, em novembro de 2000, Saramago esteve dois anos sem publicar nada, exceto textos avulsos e uma coletânea de artigos políticos sob o título *Folhas soltas*, em que figuram algumas das posições mais radicais do escritor quanto, por exemplo, a Mário Soares. Nesse caso particular, eram artigos do tempo em que, pelos idos de 1977 e 1978, o escritor assinava uma coluna regular no jornal *Extra* e mostravam contundência clara: "é contra o povo e, portanto, contra a vontade dele (a não ser que os portugueses sejam irremediavelmente masoquistas) que o governo do Sr. Mário Soares tem vindo a governar desde que este celebrado socialista se sentou na principal cadeira do conselho de ministros"; "apontar a traição tornou-se num lugar-comum que apenas desliza sobre a pele insensível de Mário Soares". O governo PS/CDS, a "lei Barreto" e outras violências contra as conquistas econômicas de 1974-1975 eram então as razões de tal virulência. Porém, o que o público e a crítica especializada aguardavam com ansiedade depois do Nobel não era propriamente este ou aquele texto político mais incômodo para alguns dos "mitos" da chamada "normalização democrática", mas sim o novo romance de Saramago.

Este começara a germinar um ano antes do Nobel, quando o escritor passava perto de um painel publicitário que anunciava a inauguração do Centro Comercial Colombo e lhe surgiu a ideia de escrever um livro intitulado "O centro". No fim de novembro de 1997, mais de dois meses depois, ao visitar um museu de arte popular no Rio de Janeiro, essa inspiração inicial desenvolveu-se:

> Foi neste museu, contemplando umas figuras de barro, ouvindo Luís Schwarcz, a poucos passos de distância, que dizia "Estes aqui podiam ser o princípio de um romance de José Saramago" (representavam dois camponeses de pé, conversando, como se tivessem acabado de encontrar-se no meio do caminho), foi neste museu, olhando estas figuras, sentindo agudamente a presença de todas as outras, que, de súbito, saltou na minha cabeça a centelha que andava a faltar-me para que a ideia de *A caverna* venha (talvez) a tornar-se em livro. [Anotação de 30 de novembro de 1997 nos *Cadernos de Lanzarote*]

O livro efetivamente contrastaria a absolutização do mercado no símbolo do centro comercial e a do consumidor no lugar do cidadão com uma família de oleiros artesanais que acaba por conseguir subtrair-se à lógica concentracionista do neoliberalismo. Nem todos são devorados na voracidade mercantilista, consumista e reprodutora do "pensamento único". A opacidade da cidadania transformada em imagem das coisas que se podem comprar e vender, qual uma nova "caverna" platônica que a impedisse de ver o eu e o outro em relações de solidariedade humana além das alienações coisificadas, é transportada nessa nova alegoria saramaguiana. O oleiro Cipriano Algor, sua filha, seu genro e uma viúva por quem o pequeno artesão se enamora encarnam a parábola da recusa de tal distopia. Alguém mais os seguiria na negação do Centro? A esperança parece cingir-se mais a casos isolados do que a fenômeno social considerável, permanecendo assim relativamente incólumes o ceticismo e o pessimismo do escritor que havia pouco ganhara o Nobel. Segundo o próprio Saramago, *A caverna*, *Todos os nomes* e *Ensaio sobre a cegueira* formariam uma "trilogia involuntária" na base do mesmo caráter alegórico, pessimista e desencantado de romances sobre um mundo abandonado pela razão.

A reação da crítica literária portuguesa foi mista e houve mesmo algumas vozes negativas em particular virulentas. Muito interessante por concentrar as principais características de uma certa direita intelectual refratária a José Saramago foi então um artigo que Pedro Mexia escreveu no *Diário de Notícias* de 20 de janeiro de 2001. Era peremptório: "*A caverna*, a mais recente alegoria de Saramago, é, nem de propósito, o seu pior romance, o mais pomposo, o mais escrito do pedestal, chegando a ser ridículo em certas passagens [...] na verdade, estamos diante de uma litania reacionária contra a tecnologia e o progresso". Cumpria com as pressões do campo literário para não desfazer globalmente a obra saramaguiana e para destrinçar a ideologia e a arte, afirmando que havia até alguns bons livros e que a política não era necessariamente chamada para o caso. Produzia erros grosseiros por desconhecimento da bibliografia básica, invocando

*Terra do pecado* como "romance neorrealista medíocre" quando era narrativa nos primórdios do neorrealismo. E chegava a beirar a ofensa pessoal quando sustentava que "aprendeu a escrever com Isabel da Nóbrega", como se aquilo que o notabilizou não tivesse passado por uma oralização da escrita original e sem equivalente na prosa portuguesa contemporânea... Pelo menos, o articulista não reproduzia a incrível tolice que Miguel Sousa Tavares cometera anos antes ao assegurar que o êxito de Saramago se devera ao PCP e a Pilar del Río.

Passando adiante, mais especificamente a *O homem duplicado*, que saiu cerca de dois anos depois de *A caverna*. De certa maneira, esse novo romance prolongava a preocupação do anterior com o caráter ilusório da realidade virtual, da imagem sobrepondo-se à realidade. Ambas as obras são como metáforas para a alienação dos seres humanos diante do mundo e de si mesmos devido à interposição de coisas mercantilizadas e desprovidas das relações sociais de trabalho criador pelo poder demoníaco do dinheiro. Antes o símile platônico da caverna corporizara-se no centro comercial e no cidadão transformado em consumidor. Agora Maximiliano Tertuliano Afonso era incapaz de se rever no seu duplo António Claro, e a sua identidade ficava ameaçada pela presença do "outro". Daí que a descoberta casual que conduz ao encontro dos sósias não desemboque na produção de relações intersubjetivas de solidariedade e comunhão transformadoras rumo a uma outra metrópole, mas acabe apenas por confirmar a opacidade e a agressividade urbanas. Daí que o "eu" e o "outro" não possam desenvolver as experiências de transgressão utópica que se encontravam no *Memorial do convento*, mas estejam cingidos a uma atmosfera carregada de *suspense* quase criminal e acabem na probabilidade da morte. Aliás, a epígrafe "O caos é uma ordem a decifrar" já dera o mote para mais uma narrativa em que a racionalidade estava destinada a enfrentar um mundo renitente e resistente a qualquer movimento que tendesse à sua decodificação, pois nenhuma das personagens assume esse desafio e o narrador está muito só para alterar substancialmente seja o que for. No mundo neoliberal e da "guerra infinita", a gnoseologia não tem poder e a razão separou-se em definitivo da ética... O que conta é a manipulação das imagens, e estas são essencialmente produzidas pelos poderes demoníacos que se intrometem na relação das pessoas com os "outros" e com a realidade.

Em março de 2004, sai *Ensaio sobre a lucidez*. Cremos que é esse o romance que encerra o ciclo das alegorias voltadas à expressão da distopia neoliberal e beligerante em que a economia, a política, a sociedade e a ideologia haviam mergulhado após o colapso do "socialismo real". Tal ciclo havia começado dez anos antes com *Ensaio sobre a cegueira* e, agora, o que parecia estar em jogo era uma inovação em sentido relativamente transformador e positivo. O díptico inicia-se na própria transmutação do título. A "cegueira branca", a amarose do consumidor compulsivo concentrado nos produtos de limpeza para uma imagem perfeita, tornou-se outra coisa bem diferente, um ato cívico de protesto contra o *statu quo* por intermédio do voto em branco. As próprias personagens reaparecem agora movendo discretamente o desenrolar dos acontecimentos: a mulher do médico, a rapariga dos óculos escuros ou o velho da venda preta. Até o "cão das lágrimas" vem renovado graças à epígrafe "Uivemos, disse o cão" e ao uivo derradeiro com que termina o livro. Por fim, a lucidez parece medir forças com a falta de razão.

Pouco importa que a história termine em tragédia:

> O homem da gravata azul com pintas brancas escolhe o sítio donde disparará e põe-se à espera. É uma pessoa paciente, leva nisto muitos anos e sempre faz bem o seu trabalho. Mais cedo ou mais tarde a mulher do médico terá de vir à varanda. [...] Passou uma hora, e a mulher do médico ainda não apareceu, tem estado a chorar, a pobre, mas agora virá respirar um pouco, não abre uma janela das que dão para a rua porque há gente a olhar, prefere as traseiras, muito mais tranquilas desde que existe a televisão. A mulher aproxima-se da grade de ferro, põe-lhe as mãos em cima e sente a frescura do metal. Não podemos perguntar-lhe se ouviu os dois tiros sucessivos, jaz morta no chão e o sangue goteja para a varanda de baixo.

A experiência histórica com as limitações de uma democracia usurpada pelo poder econômico, reduzida ao formalismo sem substância nas relações sociais concretas e incapaz de se legitimar tão fortemente quanto no tempo do keynesianismo está em andamento.

Nesse caso, não temos um fecho narrativo em que praticamente ninguém aprendeu a lição da amarose, em que um burocrata anônimo busca kafkianamente orientar-se na escuridão do labirinto, em que uma família de oleiros recusa solitariamente a absolutização do mercado ou em que o "eu" é opaco ao "outro" a ponto de cometer o homicídio. Agora os cães começaram a uivar coletivamente. Todas as esperanças, mas também todas as ameaças e decorrências, estão em aberto.

Por que este fim de ciclo e esta abertura para a esperança? A bem da verdade, não haverá respostas definitivas. Pelas entrevistas e artigos de José Saramago, e por especulação própria, talvez se possa afirmar o seguinte: o materialismo dialético e histórico é uma grelha de interpretação e de intervenção na realidade que transporta consigo a negação da estabilidade, a transformação do mesmo no outro e a sedimentação de pequenas quantidades erosivas em agregados aparentemente sólidos rumo a uma mudança qualitativa; o triunfo planetário do neoliberalismo à custa da falência do "socialismo real" e do keynesianismo pode assim ser lido como movimento transitório e contraditório aberto a uma outra ordem — não é nenhum "fim da história"; em 2004, a ofensiva neoliberal já tinha perdido muito do seu fulgor do início da década de 1990, pois o movimento antiglobalização havia ganho parte significativa da opinião pública internacional nos próprios centros imperialistas, e o neoliberalismo tinha devastado de tal modo países latino-americanos como a Argentina, a Bolívia ou a Venezuela que acabou por ficar desacreditado por completo em meio a revoltas populares conducentes à derrocada de governos democraticamente eleitos ou de mudanças eleitorais rumo à centro-esquerda ou a populismos esquerdistas; na sua voracidade beligerante, a administração Bush (filho) enfrentou pela primeira vez uma campanha pacifista que ganhou a cidadania mundial contra a sua retórica belicista, e na Espanha o escritor foi parte ativa desse movimento que congraçou por duas vezes vários milhões de pessoas nas ruas e chegou a alcançar uma porcentagem de mais de 80% das pessoas em oposição ao apoio de Aznar à segunda guerra no Iraque. Enfim, a geopolítica internacional não estava mudada, mas a nuvem cinzenta asfixiante dos anos 1990 comportava agora pequenas luzes de esperança. Provavelmente, elas estariam mais ou menos (in)conscientemente relacionadas ao uivo coletivo de *Ensaio sobre a lucidez*.

Embora Saramago antevisse um "escândalo dos diabos" por interpelar tão cruamente as debilidades da democracia e houvesse mesmo quem lesse a obra como um romance *à clé* por suspeitar que o ministro do Interior ficcional era uma réplica do responsável da pasta da Defesa no governo português de então, as ondas de choque foram limitadas. Em um ou outro artigo ou palestra pública, houve quem acusasse Saramago de exagerar a fragilidade da democracia, de levantar mitos ultrapassados e de manter cumplicidade com regimes piores, mas as proporções do caso foram bem menores do que por ocasião da polêmica desencadeada pelo *Evangelho segundo Jesus Cristo*.

## As memórias, o tema da morte e *A viagem do elefante*

Depois de *Ensaio sobre a lucidez*, Saramago publicou mais cinco livros. A peça de teatro *Don Giovanni ou o dissoluto absolvido* (2005), os romances *As intermitências da morte* (2005), *A viagem do elefante* (2008) e *Caim* (2009), e a obra *As pequenas memórias* (2006).

Esse último texto não é nenhum romance e sim um exercício de memória sobre experiências da infância e de parte da adolescência até cerca de catorze anos. Na verdade, teria resultado de um romance frustrado em que tais memórias se cruzariam com uma ficção sobre o célebre quadro do pintor flamengo do século XV Hyeronimus Bosch conhecido como *As tentações de santo Antão*. Fracassado o projeto, que já estava em gestação na mente do autor havia cerca de três décadas sob o título de *O livro das tentações*, e para o qual tinha coligido múltiplos materiais (por exemplo, toda a pesquisa em torno da morte do irmão Francisco estava a princípio aí integrada), Saramago reconduziu-o às dimensões mais modestas de *As pequenas memórias*, onde comparecem as primeiras recordações da criança, as modestas casas lisboetas por onde passou, a aldeia de Azinhaga, os passeios pelo campo, o avô Jerónimo e a avó Josefa, o despertar da sensualidade, as escolas, lapsos das revoltas do "reviralhismo" contra a ditadura militar, imagens mais nítidas do tempo da Guerra Civil Espanhola e da arregimentação da juventude estudantil pelo Estado Novo... A obra foi simbolicamente lançada na aldeia natal do escritor por ocasião do seu octogésimo quarto aniversário e tornou-se, é evidente, fonte privilegiada para a reconstrução dos primeiros passos da vida do escritor.

*As intermitências da morte* não é alheia à reconfiguração alegórica das redes de iniquidades e cumplicidades que os governos, as empresas, as religiões e as associações ilegais têm mais ou menos estabelecido de modo consciente no mundo concreto para o domínio neoliberal da sociedade e o enfraquecimento das funções do Estado. Porém, seu foco narrativo está numa questão eminentemente filosófica como a da morte e até acaba por ter passagens em que a anterior ironia cáustica cede lugar a certo humor menos sombrio, por exemplo nos "diálogos" da morte com a foice, ícone tradicional, e na sua invisível aproximação ao violoncelista na casa deste.

A obra está dividida em três partes: a estranha greve da morte durante os sete primeiros meses de um ano incerto e a projeção das várias insustentabilidades que isso levanta numa sociedade às voltas com a sobrecarga de inválidos permanentes, pensionistas e outros problemas semelhantes; seu retorno à atividade sob a forma de mensageira por carta que anuncia previamente aos desafortunados a má nova a se cumprir em apenas uma semana; por fim, o conflito entre "Thanatos", transformado em atraente mulher, e "Eros", tendencialmente encarnado em um violoncelista inconscientemente renitente ao cumprimento do fim de seus dias.

Independentemente da ambiguidade do final de *As intermitências da morte*, não se sabendo ao certo se o amor e a arte triunfam ou não sobre a morte, o romance não parece alegorizar para fundamentalmente "dizer" na linguagem indireta da ficção o estado de um mundo dedicado à irracionalidade, como acontecia nas obras anteriores. Isso também está lá, mas o essencial talvez seja agora uma parábola sobre a condição humana de "ser para a morte" e uma convivência salutar de um escritor octogenário com o fim da existência em uma perspectiva filosófica materialista dialética.

O penúltimo romance de José Saramago é *A viagem do elefante*. Como é de domínio público, o tempo da escrita ficou marcado por uma grave pneumonia que resultou na hospitalização do escritor durante vários meses e quase acabou com a sua vida. Em entrevistas, ele tem explicado várias vezes o sucedido. Por exemplo, ao *Público* de 7 de novembro de 2008, esclareceu:

> O livro foi escrito em duas fases. A primeira desde fevereiro do ano passado até ao verão, em que escrevi umas 40 páginas. Depois o meu estado agravou-se e o estado em que me encontrava tirou-me o apetite de escrever. E nisto passaram-se meses. No fim de outubro, fui quatro dias a Buenos Aires — um disparate. Praticamente não

> comi. A certa altura meteu-se-me na cabeça que queria maçãs assadas. Mas é impossível encontrar na Argentina maçãs para assar e alguém que as saiba assar. Vim de lá muito mal e fui para uma clínica em Madrid, onde me fizeram uns quantos exames. Não acertaram com o diagnóstico. Fomos para Lanzarote. Aí entrei na rampa e comecei a deslizar para o fundo. Não tive uma dor, não posso dizer que sofri, dá mesmo a impressão que não estava lá. O meu estado era de tal ordem que no hospital tiveram dúvidas em aceitar-me. Porque não queriam que morresse no hospital deles! *[riso]* Se eu queria morrer, que fosse morrer noutro sítio! Aí a Pilar armou-se em Joana d'Arc e convenceu-os de que não podiam fazer isso, e revelaram-se pessoas e médicos extraordinários.

Embora tenha perdido cerca de 20 quilos e saído bastante debilitado do hospital, Saramago conseguiria escrever o resto de *A viagem do elefante* em apenas alguns meses. A obra remete tanto para o passado literário do escritor quanto para uma inusitada capacidade de inovação de certos aspectos em alguém que já contava 85 anos. Por um lado, retorna à ficção de dados e personagens históricos, volta a coordenadas espaçotemporais concretas, persiste na marca idiossincrática da oralidade da escrita e insiste na parábola. Por outro, a matéria linguística vem enriquecida com palavras, expressões e construções frásicas típicas de circunstâncias histórico-

-sociais do pequeno Saramago (o falar da aldeia, do povo humilde e iletrado). O humor instala-se talvez em detrimento da ironia, e as "costuras" do artefato romanesco comparecem como nunca. Um episódio que tende a misturar esses três aspectos de renovação e que até tem a particularidade de ter sido apontado por Pilar del Río como resíduo da pior fase da doença de Saramago, em algum momento entre a vida e a morte, é o do aldeão português que se perde no nevoeiro e é reorientado para o acampamento pelos ruídos do elefante:

> E aqui temos o pobre-diabo desfazendo-se em agradecimentos, em juras de gratidão para toda a vida, até que o cornaca se decidiu a perguntar, Que foi que o elefante lhe fez para que você lhe esteja tão agradecido, Se não fosse ele, eu teria morrido de frio ou teria sido comido pelos lobos, E como conseguiu ele isso, se não saiu daqui desde que acordou, Não precisou de sair daqui, bastou-lhe soprar na sua trombeta, eu estava perdido no nevoeiro e foi a sua voz que me salvou, Se alguém pode falar das obras e feitos de Salomão, sou eu, que para isso sou o seu cornaca, portanto não venha para cá com essa treta de ter ouvido um barrido, Um barrido, não, os barridos que estas orelhas que a terra há de comer ouviram foram três. O cornaca pensou, Este fulano está doido varrido, variou-se-lhe a cabeça com a febre do nevoeiro, foi o mais certo, tem-se ouvido falar de casos assim, Depois,

em voz alta, Para não estarmos aqui a discutir, barrido sim, barrido não, barrido talvez, pergunte você a esses homens que aí vêm se ouviram alguma coisa. Os homens, três vultos cujos difusos contornos pareciam oscilar e tremer a cada passo, davam imediata vontade de perguntar, Onde é que vocês querem ir com semelhante tempo. Sabemos que não era esta a pergunta que o maníaco dos barridos lhes fazia neste momento e sabemos a resposta que lhe estavam a dar. Também não sabemos se algumas destas coisas estão relacionadas umas com as outras, e quais, e como. O certo é que o sol, como uma imensa vassoura luminosa, rompeu de repente o nevoeiro e empurrou-o para longe. A paisagem fez-se visível no que sempre havia sido, pedras, árvores, barrancos, montanhas. Os três homens já não estão aqui. O cornaca abre a boca para falar, mas torna a fechá-la. O maníaco dos barridos começou a perder consistência e volume, a encolher-se, tornou-se meio redondo, transparente como uma bola de sabão, se é que os péssimos sabões que se fabricam neste tempo são capazes de formar aquelas maravilhas cristalinas que alguém teve o gênio de inventar, e de repente desapareceu da vista. Fez plof e sumiu-se. Há onomatopeias providenciais. Imagine-se que tínhamos de descrever o processo de sumição do sujeito com todos os pormenores. Seriam precisas, pelo menos, dez páginas. Plof.

Sem ser propriamente um romance histórico e sendo até considerado por Saramago como um mero conto um pouco mais extenso, *A viagem do elefante* apresenta em ficção fatos documentados de meados do século XVI: a oferta de um elefante indiano feita por dom João III ao arquiduque Maximiliano da Áustria e o transporte do então exótico animal de Lisboa até Viena. Em uma Europa perpassada pelas sequelas da ruptura luterana, pela Contrarreforma e pela estruturação inicial da Inquisição, o elefante Salomão e o seu cornaca indiano vão de Lisboa a Figueira de Castelo Rodrigo, daí até Valladolid, e sempre em território espanhol seguem até Portbou, onde embarcam para Gênova, daí para os Alpes, chegando enfim a Viena. Pelo caminho, ficaram escoltas militares e civis de várias nacionalidades, pequenas complicações diplomáticas, questionamentos teológicos na fronteira da heresia, milagres artificialmente fabricados, outros que o instinto animal reduz a coisas da natureza, aventuras com lobos esfomeados, desfiladeiros perigosíssimos e frio insuportável. Salomão tudo atravessou (in)diferentemente com as suas fortes patas de paquiderme para ter um fim triste: "Além de o terem esfolado, a Salomão cortaram-lhe as patas dianteiras para que, após as necessárias operações de limpeza e curtimento, servissem de recipientes, à entrada do palácio, para depositar as bengalas, os bastões, os guarda-chuvas e as sombrinhas de verão".

Vacuidade da existência? Irracionalidade da história? Apelo a uma outra ordem? Deixando de lado tão desagradável fim e tais questões, acreditamos que *A viagem do elefante* não remete à visão de mundo apocalíptica, corrosiva ou contestadora de *Ensaio sobre a cegueira*, de *A caverna* ou de *Ensaio sobre a lucidez*. É antes uma crítica do estado do mundo, mas em que a alegoria do pesadelo neoliberal não tem o peso de antes e o trabalho de "literariedade" no artesanato linguístico e no foco narrativo como que relativiza o conteúdo, o social representado e o discurso ideológico. Será que Saramago havia passado da dose equilibrada do literário, do real e do ideológico para uma literariedade que insensivelmente ia fazendo submergir o resto? Não o julgamos e cremos que a dose permanece nas devidas proporções para contemplar, ao mesmo tempo, a crítica especializada e o leitor comum. Seja como for e não importa a resposta, *A viagem do elefante* é talvez a melhor obra de Saramago depois de ter ganho o Prêmio Nobel.

Em *Caim*, o último livro e o que lhe levou menos tempo de elaboração (apenas quatro meses), Saramago retomou a linha voltairiana de *O Evangelho segundo Jesus Cristo* e tornou a irritar os setores mais conservadores da Igreja Católica. Apesar de o foco da mídia ter trazido para a ribalta a troca de acusações entre o escritor ("a Bíblia é um manual de maus costumes, um catálogo de crueldade e do pior da natureza humana") e responsáveis católicos, que tacharam de baixo golpe publicitário a ofensiva saramaguiana contra a Bíblia, a verdade é que esta nova polêmica não ganhou os contornos institucionais e a dimensão da que foi deflagrada pela censura do governo cavaquista à candidatura de *O Evangelho segundo Jesus Cristo* ao Prêmio Literário Europeu em 1992. Exceto isso, em termos propriamente literários, o último romance de Saramago não parece trazer nenhuma novidade. Por certo, a capacidade de transfiguração e imaginação está presente nas páginas em que Caim frustra os planos divinos de criação de uma nova humanidade a partir da Arca de Noé e incrimina o Deus autoritário, cruel e vingativo do Velho Testamento por, entre outros caprichos, forçar Abraão a matar o próprio filho ou esquecer a salvação das crianças inocentes de Sodoma e Gomorra. Por certo, o livro tem certa dimensão filosófica graças às constantes interpelações e práticas desconstrutivas dos dogmas teológicos do Velho Testamento, retomando o confronto entre racionalidade e irracionalidade que já chamara várias vezes a atenção de José Saramago. Contudo, nada parece acrescentar de inovador à carreira do autor. De todo modo, talvez seja uma obra necessária nestes tempos em que vários fundamentalismos religiosos andam à solta e atraem importantes setores das sociedades contemporâneas, desde os arautos do terrorismo islâmico ao arcaísmo de Bento XVI, ou às seitas evangélicas americanas.

## O mundo em números ou o apocalipse segundo Saramago

Na sua frieza, as estatísticas revelam um mundo apocalíptico que as classes médias dos países ocidentais não veem ou não querem ver. Saramago as retoma, e será também na realidade que escondem que o autor radicará (in)conscientemente as razões para suas alegorias céticas e pessimistas iniciadas com *Ensaio sobre a cegueira*.

> De um artigo de Eduardo Galeano: "Nunca foi menos democrática a economia mundial, nunca o mundo foi mais escandalosamente injusto. Em 1960, 20% da humanidade, a parte que mais bens possuía, era trinta vezes mais rica que os 20% mais necessitados. Em 1990, a diferença entre a prosperidade e o desamparo tinha subido para o dobro, e era de sessenta vezes. [...] E nos extremos dos extremos [...] 100 multimilionários dispõem atualmente da mesma riqueza que 1.500 milhões de pessoas". [*Cadernos de Lanzarote*, 11 de julho de 1996]

> Alguns números para a história do nosso maravilhoso século XX: 1.300 milhões de pessoas vivem abaixo do nível de pobreza absoluta; um terço delas subsiste com menos de 150 escudos diários; 750 milhões de pessoas estão desnutridas; mais de metade da população da Ásia vive na miséria; uma de cada duas pessoas ao sul do Saara está condenada à penúria; 15 milhões de

> crianças com menos de cinco anos morrem anualmente por doenças que poderiam evitar-se; dos 2.800 milhões de pessoas que constituem a mão-de-obra no mundo, 700 milhões estão subempregados e 120 milhões procuram trabalho em vão; há 1.000 milhões de analfabetos, dois terços dos quais são mulheres adultas; nas zonas rurais há 550 milhões de mulheres pobres, o que significa mais de 50% da população camponesa mundial... Hoje é o Dia Internacional para a Erradicação da Pobreza. Que a todos faça bom proveito. [*Cadernos de Lanzarote*, 23 de outubro de 1996]

E, de outras passagens, ainda se poderiam mencionar os 18 milhões de desempregados na UE, o retorno da guerra ao coração da Europa (ex-Iugoslávia) ou o meio milhão de mortos à catanada em Ruanda... Enfim, se não haverá aí cegueira, onde ela estará?

# 9. Todos os prêmios

## Antes do Nobel

Prêmios literários, honrarias estatais e distinções acadêmicas — de tudo isso Saramago já tinha um pouco antes de ser agraciado com o Nobel em 1998. Embora não haja nenhuma relação necessária entre a qualidade das obras e tais reconhecimentos, podendo haver figuras da envergadura de um Fernando Pessoa que quase passaram ao lado dos mesmos, a verdade é que em algum ponto da carreira a esmagadora maioria dos escritores que entram para o cânone da história acaba por cruzar com prêmios literários, e até quem começou com uma lógica criadora bastante refratária às consagrações tarde ou cedo acaba por se ver envolvido nesses meandros. Nem os futuristas nem os surrealistas escaparam por completo a algum tipo de reconhecimento por prêmios pelas instituições literárias, e em Marinetti até se chegou ao cúmulo da integração à Academia.

No caso de Saramago, o primeiro prêmio literário surgiu apenas depois da publicação de uma dezena de livros e quando o escritor já tinha 57 anos, mas, a partir de *Levantado do chão*, a coleção dos mais importantes prêmios da literatura portuguesa e de alguns do exterior tornou-se característica dominante da recepção de sua obra. De modo curioso, o primeiro de todos os prêmios veio pelo lado da dramaturgia, por intermédio de *A noite*, que a Associação Portuguesa de Críticos distinguiu como melhor peça representada em 1979. No ano seguinte, *Levantado do chão* impunha o estilo saramaguiano, lançava enfim o escritor ao cume da literatura portuguesa e era reconhecido com o Prêmio Cidade de Lisboa, cujo valor simbólico entre os colegas garantia-se pela qualidade dos anteriores vencedores, que eram Carlos de Oliveira, Augusto Abelaira e Maria Velho da Costa.

Com *Memorial do convento* e *O ano da morte de Ricardo Reis*, o autor como que ficaria "mitificado", e os reconhecimentos multiplicaram-se: dois Prêmios PEN Club Português, outra vez o da municipalidade lisboeta, o Dom Dinis da Casa de Mateus e até um pelo conjunto da obra outorgado pelo Centro Português de Críticos Literários. Com base em escavação arqueológica na imprensa da época, recuperemos aqui notícias que falam sobre tais prêmios:

> O escritor José Saramago foi contemplado com o prêmio anual do PEN Club pelo seu livro *Memorial do convento*. O prêmio, no valor de 30 mil escudos, foi atribuído, por unanimidade, por um júri formado por Jacinto do Prado Coelho, Maria Alzira Seixo e Almeida Faria. [...] Numa breve declaração a *O Diário*, o escritor afirmou "estar satisfeito com a notícia", quer pela distinção dada à sua obra, quer pela contribuição que uma organização internacional como o PEN Club pode dar à divulgação da literatura portuguesa. [*O Diário*, 24 de junho de 1983]

> O prêmio literário Dom Dinis foi atribuído ao romance *O ano da morte de Ricardo Reis*, de José Saramago — revelou uma fonte editorial [...]. O prêmio é instituído pela Fundação da Casa de Mateus e tem uma dotação de 400 contos. O romance de Saramago, o mais recente da produção do autor, reuniu a unanimidade do júri, formado pelos escritores Vasco Graça Moura, Maria Alzira Seixo e Pedro Tamen. [*Diário de Lisboa*, 11 de julho de 1986]

E pela primeira vez a acumulação de capital simbólico entre os colegas traduzia-se em reconhecimento oficial do poder temporal quando o presidente da República lhe outorgou o título de Comendador da Ordem

Militar de Santiago da Espada em 1985. Na verdade, isso não acrescentava nada à obra do escritor, mas era um indicador claro do prestígio intelectual que ele havia alcançado. Contudo, aquele que era à época o mais importante prêmio de todos na área da ficção continuava arredio. Com efeito, o Grande Prêmio de Romance e Novela da Associação Portuguesa de Escritores ainda não lhe fora concedido e isso causava celeuma.

Em 1982, na sua primeira edição, o prêmio tinha ido para *Balada da Praia dos Cães*, de José Cardoso Pires, e *Memorial do convento* fora preterido. Em 1984, *O ano da morte de Ricardo Reis* foi sobrepujado por *Amadeo*, de Mário Cláudio, e em 1986 *A jangada de pedra* também não ganhou. Em relação ao prêmio para 1989, eram os próprios meios jornalísticos que davam voz pública a uma certa perplexidade que se instalara por Saramago ser sempre preterido: "A situação criada pelos sucessivos júris [...] é de tal ordem que hoje no mínimo se pode dizer que a APE necessita de 'eleger' Saramago para prestigiar o prêmio e não o inverso". (*O Jornal*, 30 de março de 1990) No entanto, *História do Cerco de Lisboa* também foi preterida. Por fim, e quando o próprio Saramago já se mostrava indisponível para aceitar o prêmio, *O Evangelho segundo Jesus Cristo* viria ganhar a edição referente a 1991 e, ainda assim, num contexto em que o júri ficou bastante dividido. De um lado, Fausto Lopo de Carvalho, Fernando Dacosta e Vítor Viçoso votavam no romance. De outro, Maria Lúcia Lepecki e Salvato Trigo preferiam *Évora e os dias da guerra*, de Mário Ventura. Em reação, intelectuais de quadrantes ideológicos distintos como David Mourão-Ferreira e Óscar Lopes salientavam que "com esta justa atribuição, mais prestigiado fica o Grande Prêmio da Associação Portuguesa de Escritores" e "a atribuição do prêmio da APE é um ato de justiça que já tardava". Por sua vez, Saramago foi coerente com o seu desgaste em relação ao prêmio da APE e a toda a polêmica instalada pelo veto governamental a *O Evangelho segundo Jesus Cristo*, fazendo a seguinte declaração:

> Vistas as circunstâncias — as recentes e as antigas — e para não juntar o choque de uma recusa ao escândalo de uma exclusão, aceito este prêmio sob condição de o seu valor ser usado na compra de livros de autores portugueses contemporâneos e a enviar aos Países Africanos de Língua Oficial Portuguesa (PALOP) que estejam interessados em os receber. Peço à APE, ao PEN Club e à SPA o favor de se encarregarem da seleção das obras e do seu encaminhamento.

Prescindindo dos 2 mil contos, mas aceitando o prêmio para evitar mais escândalo em torno do romance, Saramago encerrava assim a difícil situação em que as sucessivas discriminações dos júris o haviam colocado. O que restava de importante para ganhar em Portugal depressa lhe seria outorgado e referia-se a prêmios recentes. Um era o da Vida Literária da APE e foi-lhe dado também o referente a 1992, desta feita por unanimidade. O outro existia desde 1989 e tornara-se logo o mais importante por abranger todo o espaço lusófono, por ser disputado apenas pelos autores mais consagrados e por ter um valor superior a 10 mil contos. Era o Prêmio Camões, e Saramago recebeu-o em 1995, depois de nomes tão significativos como Miguel Torga, João Cabral de Mello Neto, José Craveirinha, Vergílio Ferreira, Rachel de Queiroz e Jorge Amado o terem ganho nas edições anteriores.

No exterior, o reconhecimento dos colegas e de instituições oficiais também era já uma conquista adquirida muito antes do Nobel. Entre 1987 e 1992, os meios literários italianos outorgaram-lhe nada menos do que quatro prêmios, dois por livros em particular e outros dois pelo conjunto da obra. O primeiro foi o Grinzane Cavour, por *O ano da morte de Ricardo Reis*, e a sua importância se mede com facilidade pelo fato de os vencedores estrangeiros serem em geral figuras de grande projeção, começando pela escritora sul-africana Nadine Gordimer e pelo nigeriano Wole Soyinka, que venceram em 1985 e 1986 e que, pouco tempo depois, receberiam também o Nobel.

Em 1992, Saramago ficaria particularmente feliz pelo fato de o Prêmio Internacional Ennio Flaiano ser dado a *Una terra chiamata Alentejo*, título italiano de *Levantado do chão*. E, pelo conjunto da obra, venceria também em 1992 o Prêmio Brancatti e o Mondello, sendo aquele o terceiro em importância em terras transalpinas e contando este último com um rol impressionante de vencedores internacionais como Günter Grass, Milan Kundera, Alain Robbe-Grillet e Doris Lessing. Sem esquecer a importância desse reconhecimento na Itália, talvez a outorga do prêmio do jornal londrino *The Independent* para o melhor livro de ficção estrangeira traduzido e publicado em 1992 na Inglaterra adquirisse um significado ainda mais forte. O mercado literário anglo-saxônico é muito renitente a obras *highbrow* e a literaturas escritas em línguas menores no quadro mundial, como é o caso da portuguesa, e isso fora vencido por Saramago e por seu *O ano da morte de Ricardo Reis*. No primeiro volume dos *Cadernos de Lanzarote*, Saramago escreveria:

> Fiquei finalmente a saber quem foram os meus competidores: nem mais nem menos que Günter Grass, Ivan Klima, Ismail Kadaré e Juan Goytisolo... A estas horas, na pátria, não faltará quem ande a repetir, noutros tons, aquela pergunta que imaginei para Eugénio Lisboa: "Como é que o gajo conseguiu?" Dou-lhes alguma razão. Eu próprio, a falar verdade, tenho certa dificuldade em perceber como foi possível que este lusíada de infantaria ombreasse e, por esta vez, passasse à frente de cavaleiros tão excelentes. [Anotação de 15 de julho de 1993]

Agraciado por todos esses prêmios no país e no exterior, nomeado Cavaleiro da Ordem das Artes e das

Letras pelo Estado francês, doutor *honoris causa* pelas universidades de Turim, Sevilha e Manchester, e bastante conhecido nos meios literários internacionais, José Saramago começou a ser um nome forte no âmbito do Nobel essencialmente a partir de 1995.

## O NOBEL

Ao lado da Holanda ou da China, Portugal e os países lusófonos sofriam da manifesta injustiça de ser portadores de tradições literárias riquíssimas, mas nunca reconhecidas até então com o mais importante prêmio da literatura mundial.

Desde os anos 1950, escritores portugueses e brasileiros eram correntemente referidos ou propostos para o Nobel. Ao que parece, o primeiro que esteve próximo de recebê-lo foi o poeta e romancista brasileiro Jorge de Lima, e corre a notícia de que Artur Lundkvist, um dos membros da Real Academia Sueca da Língua, teria convencido os membros do júri a lhe outorgar o prêmio no ano de 1958. Infelizmente, Jorge de Lima falecera alguns anos antes e não se sabe ao certo quanto de verdade haveria em tudo isso.

No início de 1960, Jean-Baptiste Aquarone (professor francês da Universidade de Montpellier e antigo docente da academia conimbricense) e Francisco Vieira de Almeida (professor catedrático aposentado da Faculdade de Letras da Universidade de Lisboa) propõem dois dos mais conhecidos escritores portugueses de então para o Prêmio Nobel de Literatura. Aquele sugeria o nome de Miguel Torga. Este último lançava a candidatura de Aquilino Ribeiro. Por certo, nenhum deles representava as tendências mais modernas das letras nacionais, mas eram ambos figuras havia muito consagradas e minimamente conhecidas em alguns setores dos círculos literários internacionais. Mais uma vez os esforços foram em vão. Entretanto, o tempo foi passando e nem a projeção universal da obra de Jorge Amado, que ia sendo proposto regularmente, demovia a Real Academia Sueca da indiferença diante da literatura escrita em português. Em 1991, a vinda a Portugal de alguns dos membros dessa instituição levantou certas esperanças, e os ecos de uma reunião que então mantiveram com elementos do PEN Club Português deixavam transparecer as hipóteses de António Ramos Rosa, Vergílio Ferreira, Miguel Torga, Agustina Bessa-Luís, Eugénio de Andrade, Sophia de Mello Breyner, Herberto Hélder e o próprio José Saramago. Como o poeta Ramos Rosa havia ganho pouco antes o prestigiado Prêmio da Bienal Internacional de Liège, era o seu nome que parecia mais provável àquela altura.

Em meados da década de 1990, José Saramago e António Lobo Antunes eram referidos com insistência nos meios literários e na imprensa, quer em Portugal, quer no estrangeiro. Em outubro de 1997, pouco antes da data da decisão do júri, o jornal *NRC Handelsblad* de Roterdã dedicava uma página inteira aos escritores com fotografias de ambos e sob o título “Geef Nobelprijs aan een Portugese schrijver” [Atribuam o Prêmio Nobel a um escritor português]. Na Espanha, *El País* titulava um dia antes do anúncio do prêmio: "Saramago vuelve a estar entre los favoritos al Nobel de Literatura", e não hesitava em destacar mais o escritor luso do que figuras tão importantes da literatura espanhola como o poeta Rafael Alberti e o ficcionista Juan Goytisolo, de quem também se falava para o prêmio. Soube-se então que a escolha final havia ficado entre o vencedor Dario Fo e José Saramago. O dramaturgo italiano telefonaria ao amigo para lhe dizer gracejando: "Roubei-to". Tudo seria em vão. A simpatia da imprensa europeia, a ida do próprio Saramago a Estocolmo, o fato de Portugal ser então o país-tema da Feira do Livro de Frankfurt, tudo isso parecia insuficiente.

Felizmente, a qualidade intrínseca da obra do autor e todas essas movimentações naturais na vida social da literatura surtiriam efeito no ano seguinte. A 8 de outubro de 1998, um comunicado oficial da Real Academia Sueca atribuía por fim o Nobel a um escritor de língua portuguesa e concretamente a Saramago, "*who with parables sustained by imagination, compassion and irony continually enables us once again to apprehend an elusory reality*", conforme a mensagem original em inglês que se espalhou em escala planetária nesse dia.

Ao contrário do que sucedera com alguns dos laureados mais recentes, em particular com a escritora Toni Morrison em 1993 e com o italiano Dario Fo no ano anterior, a escolha de José Saramago era quase consensual e não levantou nenhuma polêmica nos meios literários internacionais. No jornal sueco *Dagens Nyheter* do dia seguinte ao da nomeação de Saramago destacava-se precisamente isso:

> Com a escolha de José Saramago, a academia sueca premiou uma obra literária que é apreciada por todos e não será contestada por ninguém. Consegue, desta maneira, um prazo para tomar fôlego depois de algumas escolhas audazes e inesperadas nos anos 90, que, apesar de contarem com a apreciação de muitos, não deixaram simultaneamente de despertar preocupações em círculos literários tradicionais.

Por todo o mundo, os principais jornais acolheram positivamente a escolha. Na Espanha, *ABC*, *El País* e *El Mundo* deixavam para trás suas diferenças ideológicas numa recepção unanimemente entusiástica, sendo até porventura o diário conservador e monárquico que publicou o artigo que ia mais à essência da novidade criadora da obra saramaguiana:

> Um escritor é a procura de um estilo que unifique a sua obra. Saramago soube dotar a sua prosa de uma respiração inexorável e tenaz que atua sobre a linguagem com um ritmo lento, tecendo sobre o leitor a teia doce de uma ladainha. Nesse estilo que é forma e fundo ao mesmo tempo, música interior e fluxo sustido da primeira à última linha, reside a principal singularidade de uma obra que exerce sobre nós o mesmo poder de convicção

da melhor poesia. "Leiam-me em voz alta", recomendou Saramago aos seus leitores em mais de uma ocasião; quando seguimos este conselho, a sua literatura atinge essa nitidez solene e quase oracular das palavras que nasceram com vocação de eternidade. [*ABC*, 9 de outubro de 1998]

Na França, na Itália e na Alemanha, o mesmo uníssono, destacando *Le Figaro* "tratar-se de um Nobel indiscutível". No mundo anglo-saxônico, o londrino *The Independent* mencionava ser "a escolha mais segura" e o prestigiado *Times Literary Supplement* de 23 de outubro de 1998 publicaria uma longa carta do especialista pessoano Richard Zenith na qual considerava Saramago "perfeito exemplo do *self-made man* de letras", discorrendo elogiosamente sobre todos os seus romances desde 1977 até então.

No Brasil, a euforia foi notória e não menos entusiástica apesar de o país ter escritores cuja indicação ao prêmio também não ficaria deslocada. *O Globo* de 9 de outubro trazia uma grande fotografia de Saramago na primeira página com o título "Nobel para a língua portuguesa". Na *Folha de S.Paulo* de 10 de outubro, Horácio Costa, um dos maiores especialistas na obra saramaguiana, escreveu: "Seus romances são cada vez mais exigentes, mais autoritários para o leitor, e parecem escritos tanto a contracorrente do universo 'light' da pós-modernidade mercadológica, como dos experimentalismos que caracterizam a Alta Modernidade internacional.

Em resumo, testificam um grande escritor, dono de um universo e de um estilo próprio".

Em Portugal, a reação foi praticamente consensual e não houve dissonâncias realmente dignas de grande menção, salvo talvez a da reconhecida escritora Maria Teresa Horta, que se mostrou aviltada por considerar que havia mulheres cujas obras seriam bem melhores que a de Saramago. Os principais jornais e revistas prepararam cadernos ou números especiais. A *Visão* trouxe a público interessantes documentos biográficos de Saramago, por exemplo, a caderneta com as notas dos anos letivos de 1934/1935 a 1938/1939. A *Colóquio--Letras* também publicaria material iconográfico relevante e artigos inéditos de figuras tão destacadas como Harold Bloom.

Em contraste, as reações mais negativas vieram basicamente dos meios ultraliberais norte-americanos e do arcaico Vaticano. No *The Wall Street Journal*, um articulista insistia na habitual acusação de stalinismo prático do escritor à época do *Diário de Notícias* revolucionário e acusava a Real Academia Sueca de esquerdismo. O *Osservatore Romano*, jornal oficial do Vaticano, reagia indignado diante do que julgava "um prêmio ideologicamente orientado a um autor que é um comunista recalcitrante" e recordava que a obra *O Evangelho segundo Jesus Cristo* era um "testemunho substancial de sentimento antirreligioso". Enfim, eram sobretudo vozes extraliterárias e, entre os portugueses, a posição de boa parte dos dignitários católicos não seguiu esse padrão. A bem da verdade, mencione-se que o próprio bispo auxiliar de Lisboa, dom Januário Torgal Ferreira, se demarcou publicamente do Vaticano.

Em 9 de dezembro de 1998, José Saramago recebeu o Prêmio Nobel de Literatura. Seu discurso tornou-se bastante notado por convocar a memória de todos os humildes e anônimos da história na memória dos avós analfabetos Jerónimo e Josefa. Essa humanização descendia dos próprios romances saramaguianos, povoados de personagens comuns e invisíveis, mas que, na realidade, eram os que faziam e desfaziam o movimento histórico nas suas miudezas e grandezas, nas submissões resignadas e nas revoltas abertas, nas abjeções e nos heroísmos. Em contraposição a essa voz conferida ao povo anódino e desconhecido, a extrema divulgação do acontecimento nos meios de comunicação portugueses beirou o despropósito. Como seria o vestido que Pilar del Río usaria na cerimônia? Qual seria o menu do jantar? Era como que o preço a pagar por Saramago ter se transformado de escritor com alguma projeção internacional a *superstar* mundial.

## *SUPERSTAR*

Provavelmente, essa palavra não seria a mais apropriada para descrever a potencialização da visibilidade mundial após ser laureado com o Nobel. Descendia da dominação anglo-saxônica da linguagem dos *mass media* e do conformismo de setores recuados das artes do espetáculo. Talvez a designação "intelectual total", que se tornou corrente na abordagem da biografia de Jean-Paul Sartre, fosse mais adequada, até porque, nas suas diferenças e semelhanças, o escritor português também poderia ser perspectivado por meio desse conceito. Por certo não teria a mesma profundidade filosófica presente em *O ser e o nada* ou em um empreendimento intelectual como a revista *Les Temps Modernes* no seu percurso. Por certo, aceitou sem constrangimentos o Nobel em nome de uma certa "justiça poética" a quem nada parecia destinar tais voos, e o autor francês limitou-se a recusá-lo por motivo de prebenda de instituição burguesa alheia aos interesses da revolução proletária. Por certo, Saramago nunca ultrapassou seriamente o enquadramento político-partidário do PCP, enquanto Sartre rumou à esquerda extraparlamentar e minoritária, mas teve sempre por trás a aura de se haver feito dos estratos sociais mais humildes e contra quase todas as circunstâncias, enquanto Sartre tivera tudo a seu favor...

Porém, ambos têm dinâmicas polivalentes de ficcionistas, dramaturgos, críticos e teóricos da literatura, pensadores, jornalistas e militantes da esquerda combativa que vieram a ser reconhecidos com o Nobel de Literatura, simbolizando alternativas contracivilizacionais em face da ordem capitalista para muitos milhões de pessoas espalhadas pelos vários continentes. Ambos deixam ações práticas e documentos iconográficos ao lado de quem está transformando de modo revolucionário a realidade ou resistindo estoicamente noutros países a injustiças várias — por exemplo, as fotos em que o autor luso está ao lado de zapatistas mascarados na selva de

Chiapas em 1999 ou o francês ao lado dos soldados do RAL 1 na Lisboa revolucionária de 1975. Ambos podem ser chamados "intelectuais totais".

Porém, preferimos conservar aqui *superstar* por acreditarmos que Saramago tem utilizado com inteligência a visibilidade acrescida do Nobel para explorar os *mass media* e outras instituições burguesas como canais planetários por onde também se pode destilar a voz da dissidência e do protesto diante do "estado do mundo". Corrói um pouco por dentro o *statu quo* em função da proposta de outra ordem que o poder da palavra e a intelectualidade progressista convocam na disponibilidade para serem comparsas de movimentos sociais profundos aptos a reatualizar todas as utopias. Como em outubro de 1917 ou na República Espanhola. Em maio de 1968 e no PREC de 1974-1975. Nas tempestades sociais do século XXI que, no mínimo, varreram o neoliberalismo de países latino-americanos como a Argentina, a Bolívia e a Venezuela, e cujas expressões governamentais são meramente a ponta de um *iceberg* transformador bem mais vasto...

Bom, demovamo-nos de digressões e voltemos a Saramago *superstar*. Há vários indicadores que sustentam tal estatuto e não será o fato de um ou outro até poder ser confundido com mercadologias ou marketing que lhes retira validade no contexto de alguém que se catapultou ao raríssimo estatuto de "clássico contemporâneo", de escritor reconhecido entre os pares e bem-sucedido em relação ao grande público, de revolucionário para multidões de esquerda e de cidadão crítico tolerado nos salões do poder. Pode-se ou não apreciar esse duplo estatuto; pode-se criticar esta ou aquela opção, mas é perfeitamente legítimo que Saramago o aproveite no sentido coerente e corrosivo que tem conservado até hoje. Os indicadores têm a ver com vendas de livros, línguas e países em que está traduzido, dimensão e características do lançamento de novas obras, adaptações para cinema, reconhecimentos institucionais, repercussão das opiniões na imprensa internacional e lugar ocupado em certos movimentos de massas.

Não conhecemos estatísticas exatas do "efeito Nobel" sobre as vendas da obra de Saramago, mas há alguns dados suficientemente evidentes ou aproximados que permitem sustentar que aumentaram bastante, tanto em Portugal quanto no exterior. Entre outubro e dezembro de 1998, no auge do fenômeno, a Editorial Caminho teria vendido cerca de 300 mil livros do escritor em Portugal e reeditado todas as obras. Até 2004, o total de obras vendidas deveria beirar os 2,5 milhões só em Portugal, com *Memorial do convento* alcançando a soma de 400 mil exemplares vendidos. Os últimos números conhecidos desse romance apontavam para 1 milhão. Lá fora, o Nobel também teve influência notável. Segundo as informações que Ray-Güde Mertin, a agente literária internacional de Saramago (falecida em 2007), prestou à revista *Visão* uma semana depois do anúncio do prêmio, tudo se acelerou: na Polônia, venderam-se 2 mil livros do autor em dois dias, mais do que nos cinco anos anteriores; na Alemanha, esgotaram em dias os 52 mil exemplares existentes de *Ensaio sobre a cegueira*;

na Suécia, esgotou-se o estoque desse livro e a editora mandou fazer uma tiragem três vezes superior à normal, em um total de 65 mil; nos Estados Unidos, não havia mais nenhum exemplar dos cinco títulos traduzidos pela Harcourt e estavam em andamento reimpressões de 50 mil exemplares de cada um deles. Pela imprensa escrita e pela Internet torna-se fácil verificar que Saramago se tornou um *best-seller* em escala internacional desde então. Por exemplo: "Apesar de ter sido publicado em 2002, foi no ano passado que *O homem duplicado* chegou a um maior número de leitores. O romance foi o quinto livro mais vendido em todo o mundo, logo atrás de Paulo Coelho e J. K. Rowling" (*Diário de Notícias*, 25 de março de 2004); "*A viagem do elefante*, de José Saramago, está também nos *tops* de vendas de dois países latino-americanos: em primeiro lugar na Argentina e em terceiro na Colômbia. [...] *Tops* à parte, noticia hoje o jornal *El País* na sua página *on-line* que o romance de José Saramago já vendeu mais de 100 mil exemplares em Espanha em apenas três semanas" (da Internet); e só *Ensaio sobre a cegueira* iria pela casa dos 260 mil exemplares no Brasil e cerca de meio milhão nos Estados Unidos até 2008.

Independentemente dessa contabilidade algo fastidiosa e incerta, embora bastante significativa, é certo que o número de países e línguas em que está publicado e/ou traduzido quase duplicou de 1998 até agora, respectivamente de 31 para 57 e de 24 para 43, e que os lançamentos das novas obras se transformaram em atos extremamente cobertos pela imprensa e conhecidos internacionalmente. Convém não absolutizar aqui ruptura em face do passado, pois os romances de Saramago já mobilizavam considerável atenção e elevadas tiragens. De fato, a primeira edição de *A caverna* foi igual à de *O Evangelho segundo Jesus Cristo*, na ordem dos 70 mil exemplares, e só com o *Ensaio sobre a lucidez* é que se apostou logo em 100 mil. Nesse caso, o lançamento foi feito em simultâneo com o da edição no Brasil (40 mil) e quase ao mesmo tempo que na Espanha (150 mil), e aconteceu com a presença de painelistas como Mário Soares, Marcelo Rebelo de Sousa e José Barata Moura, ou seja, personalidades das mais conhecidas entre os portugueses — um indicador do peso que o romancista alcançara.

O romance *As intermitências da morte* foi apresentado em simultâneo em Portugal, Brasil, Espanha, Chile, México, Colômbia e Argentina. *As pequenas memórias* teria levado a Azinhaga, onde foi pública e simbolicamente lançado por ocasião do octogésimo quarto aniversário do escritor, com cerca de 2 mil pessoas, entre gente conhecida da literatura, da política e anônimos conterrâneos da aldeia. Presente com certeza muito apreciado por Saramago, aquele que já havia experimentado fenômenos amplos de aceitação popular em lugares tão longínquos como as capitais do México ou da Colômbia, onde os lançamentos da tradução de *A caverna* haviam tido, respectivamente, 10 mil e 3 mil pessoas.

Diante disso, as adaptações cinematográficas de *A jangada de pedra* pelo franco-holandês George Sluizer em 2002, e de *Ensaio sobre a cegueira* pelo brasileiro Fernando Meirelles em 2008, poderiam ter reforçado a condição de *superstar*, mas Saramago não precisava rigorosamente de nada parecido para continuar sendo um "intelectual total", conhecido por todos os cantos como escritor portador da anomia criativa e do compromisso cívico contra o "pensamento único". Necessitava ainda menos dos mais de trinta doutoramentos *honoris causa* e de várias outras condecorações institucionais que tem recebido, mas que aceita como "justiça poética" e possibilidade de se fazer escutar dentro das bases do *statu quo*. Diga-se de passagem que o escritor rejeita por vezes tais honrarias mundanas; por exemplo, quando se negou a ser condecorado pelo governo do Pará devido à cumplicidade desse estado na repressão ao Movimento dos Sem-Terra (MST).

No contexto de toda essa visibilidade, as opiniões de Saramago são respeitadas nos *mass media* internacionais e, como veremos mais à frente, algumas das suas declarações assumem foros de verdadeira polêmica que circula pelos principais jornais europeus, e não só, conforme aconteceu com a comparação entre as opressões nazistas aos judeus e dos judeus aos palestinos; com a crítica ao castrismo no caso do fuzilamento de oposicionistas; ou com a insistência no iberismo. E, é evidente, sua figura tem tutelado movimentos de massa, dos quais os protestos da população espanhola contra a guerra de Bush e Aznar ao povo iraquiano são o exemplo mais claro. Em meados de março de 2003, poucos dias antes de a invasão ocorrer, meio milhão de pessoas manifestaram-se em oposição, e houve um único orador. O orador foi objetivo:

> *No digan los señores y las señoras del poder que nos manifestamos para salvar la vida y el régimen de Sadam Husein. Mienten con todos los dientes que tienen en la boca. Nos manifestamos, eso sí, por el derecho y por la justicia. Nos manifestamos contra la ley de la selva que los Estados Unidos y sus acólitos antiguos y modernos quieren imponer al mundo. Nos manifestamos por la voluntad de paz de la gente honesta y en contra de los caprichos belicistas de políticos a quienes les sobra en ambición lo que les va faltando en inteligencia y sensibilidad. Nos manifestamos en contra del concubinato de los Estados con los super-poderes económicos de todo tipo que gobiernan el mundo. La tierra pertenece a los pueblos que la habitan, no a aquellos que, con el pretexto de una representación democrática descaradamente pervertida, al final les explotan, manipulan y engañan. Nos manifestamos para salvar la democracia en peligro.*

Quem assim falava era José Saramago. *Superstar* ou "intelectual total"? Pouco importa. Pouco mais se poderia pedir de um escritor que usa a notabilidade em prol da desagregação da "guerra infinita", do "pensamento único" e do neoliberalismo.

## Trechos do texto de atribuição do Nobel a José Saramago

No dia 8 de outubro de 1998, um comunicado oficial da Academia Sueca declarava que o Nobel da Literatura ia ser entregue a Saramago. Eis alguns trechos:

> O português José Saramago faz 76 anos de idade em novembro. É um prosador oriundo da classe trabalhadora que só atingiu a celebridade quando cumpriu os 60 anos.
>
> Desde então alcançou a notoriedade e tem visto a sua obra ser frequentemente traduzida. [...] *Memorial do convento*, de 1982, é o romance que o vai tornar célebre. É um texto multifacetado e plurissignificativo que tem, ao mesmo tempo, uma perspectiva histórica, social e individual. A inteligência e a riqueza de imaginação aqui expressadas caracterizam, de uma maneira geral, a obra saramaguiana. A ópera *Blimunda*, do compositor italiano Corghi, baseia-se nesse romance.
>
> *O ano da morte de Ricardo Reis*, publicado em 1984, é um dos pontos altos da sua produção literária. A ação passa-se formalmente em Lisboa no ano de 1936, em plena ditadura, mas possui um ambiente de irrealidade superiormente evocado. Este ambiente de irrealidade é acentuado pelas repetidas visitas do falecido poeta Fernando Pessoa à casa da personagem principal (que é extraída da produção pessoana) e das suas conversas sobre os condicionalismos da existência humana. Juntos deixam o mundo após o seu último encontro.

Em *A jangada de pedra*, publicada em 1986, o escritor recorre a um estratagema típico. Uma série de acontecimentos sobrenaturais culmina na separação da península Ibérica, que começa a vogar no Atlântico, inicialmente em direção aos Açores. A situação criada por Saramago dá-lhe um sem-número de oportunidades para, no seu estilo muito pessoal, tecer comentários sobre as grandezas e pequenezas da vida, ironizar sobre as autoridades e os políticos e, talvez muito especialmente, com os atores dos jogos de poder na alta política. O engenho de Saramago está ao serviço da sabedoria. [...] *O Evangelho segundo Jesus Cristo*, de 1991, romance sobre a vida de Jesus, encerra, na sua franqueza, reflexões merecedoras de atenção sobre grandes questões. Deus e o Diabo negociam sobre o Mal. Jesus contesta o seu papel e desafia Deus.

Um dos romances destes últimos anos aumenta consideravelmente a estatura literária de Saramago. É publicado em 1995 e tem como título *Ensaio sobre a cegueira*. O autor onisciente leva-nos numa horrenda viagem através da interface que é formada pelas percepções do ser humano e pelas camadas espirituais da civilização. A riqueza efabulatória, excentricidades e agudeza de espírito encontram a sua expressão máxima, de uma forma absurda, nesta obra cativante. "Queres que te diga o que penso, Diz, Penso que não cegamos, penso que estamos cegos, Cegos que veem, cegos que, vendo, não veem." [...] A arte romanesca multifacetada e obstinadamente criada por Saramago confere-lhe um alto estatuto. Em toda a sua independência, Saramago invoca a tradição que, de algum modo, no contexto atual, pode ser classificada de radical. A sua obra literária apresenta-se como uma série de projetos onde um, mais ou menos, desaprova o outro mas onde todos representam novas tentativas de se aproximarem da realidade fugidia.

# 10. Outras polêmicas

## Saramago e o PCP

Sem dúvida, a biografia de Saramago está marcada por duas grandes polêmicas: o papel no *Diário de Notícias* entre abril e novembro de 1975 e a censura governamental ao *Evangelho segundo Jesus Cristo*. Porém, houve outras celeumas. Mais ou menos evidentes, mais ou menos cobertas pela imprensa, mais políticas ou literárias, tais celeumas apontam para alguém que carregou sempre a virtualidade da anomia e da resistência à fossilização.

Dificilmente haverá escritores de relevo que se deixem disciplinar de modo ferrenho por ideologias, regimes e partidos. A sua atividade criadora comporta basicamente transfiguração, imaginação e ruptura. E isso se transporta também para a intervenção cívica e visão de mundo. Fernando Pessoa era um homem da direita autoritária e apoiou inequivocamente a ascensão fascista ao poder, mas nunca se alinhou ao protecionismo econômico, ao conservadorismo moral e ao catolicismo. Perto do fim da vida, chegou mesmo a atritos com Salazar e o Estado Novo no quadro de um certo individualismo refratário à estabilização de certos aspectos do regime. Gorki era uma espécie de porta-voz artístico do proletariado revolucionário, mas teve vários atritos com os bolcheviques, e a versão que defendia do "realismo socialista" não veiculava nenhuma arte estatal que castrasse a liberdade criadora. É evidente, Saramago também não se poderia deixar reduzir a uma figura descaracterizada e reprodutora do discurso e das práticas de outra pessoa.

Portanto, sua relação com o PCP nunca poderia ser o lugar de uma ortodoxia acomodada ou subordinação anódina ao aparelho. Daí a marginalização que sofreu na culminação dos acontecimentos no *Diário de Notícias* em 1975, onde, vamos repetir, atuou de acordo com suas convicções próprias, bem mais próximas da linha gonçalvista da tomada do poder rumo ao socialismo do que da concepção etapista da "revolução democrática e nacional" então defendida por Álvaro Cunhal e pela direção do PCP, e suspendeu os contatos partidários para preservar tanto quanto possível a autonomia do jornal. Daí a convivência com a orientação crítica do chamado grupo da "Terceira Via" e a experiência fracassada como presidente da Assembleia Municipal de Lisboa. Daí o seguimento de vários atritos e desacordos. Contudo, é importante ressalvar que se tratou sempre de diferenças em nome de uma unidade global e que o escritor nunca se decidiu por jogar a função de um quadro de direção. De fato, a consagração literária e o amor às letras teriam-no feito ser, durante a maior parte do tempo, mais um observador político atento do que propriamente um militante partidário empenhado nas alterações consideradas pertinentes: "o trabalho literário e as suas consequências — essa parafernália de congressos, encontros e seminários — desviam-me de ter uma presença crítica e de comentário", reconhecia o autor a *O Jornal* em 1986.

Ainda assim, Saramago chegou a ser divulgado na imprensa como líder dos chamados "críticos" à linha mais ortodoxa dos cunhalistas no interior do PCP. Como se sabe, no contexto da perestroica, da *glasnost* e da primeira derrota realmente significativa do PCP nas legislativas de 1987 em meio à onda cavaquista, centenas de militantes propuseram maior democratização da vida interna do PCP e maior abertura do partido às novas realidades contemporâneas. Alguns meses antes do XII Congresso do PCP, um reforçado grupo de escritores, intelectuais e figuras proeminentes subscreveu um documento ao Comitê Central que ficou então conhecido como "Terceira Via" e no qual se alertava para a necessidade de mudanças. Nos meios simpatizantes ao documento apareciam escritores como José Saramago, Baptista-Bastos, Mário de Carvalho, Urbano Tavares Rodrigues; intelectuais como António Borges, António Hespanha, Gomes Canotilho e, é claro, os inesquecíveis Pina Moura ou Vital Moreira. Era um grupo heterogêneo em que alguns queriam simples reformas internas em nome da preservação da identidade ideológica do PCP e outros pretendiam plataformas giratórias voltadas para uma aproximação descaracterizadora e oportunista ao PS. Era por certo um disparate considerar Saramago o líder do grupo, mas isso indicava evidentemente o peso que seu valor simbólico já tinha e a mais-valia de seu nome, fosse ao lado dos críticos ou dos ortodoxos. Pressionado entre dois polos, o escritor fazia então declarações como estas: "Sou apenas um militante e um signatário do documento da chamada Terceira Via. Quem me transformou em figura principal foi a Comunicação Social. [...] E é também absurdo chamar ao documento 'o documento Saramago' [...] Álvaro Cunhal é o meu secretário-geral..." [*DN*, 14 de outubro de 1988]

Apesar de todas as obrigações decorrentes da vida social de escritor, Saramago empenhou-se em fazer pontes entre os setores em desavença e tanto apoiava iniciativas dos renovadores como o Ines quanto refutava as acusações de Vital Moreira sobre a obstaculização de Cunhal a qualquer revitalização do partido ou repudiava as ideias de Zita Seabra. Assim, viria a fazer parte das listas para as autárquicas em Lisboa e acabaria por ser eleito presidente da Assembleia Municipal no âmbito dos acordos Por Lisboa entre PCP, PS e outras forças de esquerda em 1989. A experiência resultaria em um rotundo fracasso e Saramago durou pouco mais que um mês nessa função. As pressões internas para atuar rigorosamente em conformidade com o aparelho autárquico do PCP e as atribulações sobrevindas pela questão da atribuição de poderes a Jorge Sampaio, então presidente do município lisboeta, para adjudicar algumas obras externas ao concurso público e sem prévia autorização da AML colocaram um ponto final ao desempenho do cargo por parte de Saramago. O escritor inclinava-se a deixar passar essa medida um tanto discutível e não estava disposto a abandonar previamente sua posição antes das reuniões municipais, manifestando assim desacordos sérios com João Amaral e com outros eleitos comunistas. A 16 de março de 1990 demitiu-se da presidência da Assembleia Municipal por alegada retirada de confiança política da parte do PCP e regressou à vida particular. Nunca mais se envolveria ativamente na vida interna do partido.

Dali em diante iria se conservar como um militante que deixa utilizar seu enorme prestígio simbólico como capital político do PCP em ações pontuais como reuniões ou comícios, em campanhas eleitorais em que figura em lugares não elegíveis e no apoio a outras atividades partidárias ou frentistas. Sempre se manifestou contra o caminho da perda identitária do Partido Comunista Italiano e contra qualquer fragmentação do PCP. Sempre preservou certa ideologia do "marxismo-leninismo" em que princípios incontornáveis do combate civilizacional por outro mundo se misturam com a incapacidade para interpretar em profundidade o que aconteceu no Leste e o que significa um partido sem o direito de tendência na própria história do bolchevismo, que só o suprimiu após a stalinização do aparelho. E sempre criticou a linha do partido quando achou por bem fazê-lo. Foi contra o golpe stalinista de Moscou em agosto de 1991. Manifestou-se contra a regionalização e nem no referendo de 1998 silenciou sua opinião. Desaprovou inequivocamente o fuzilamento de dissidentes cubanos em 2003.

Portanto, em toda a sua trajetória de militante do PCP transpareceu a marca da unidade e da diferença, da continuidade e da mudança, da aversão aos trânsfugas de direita e da indisponibilidade para os fenômenos de recomposição anticapitalista dos antigos partidos comunistas. Por certo, tais reagrupamentos são os mais interessantes para pensar e fazer um outro mundo além do capitalismo, em nada invalidados por se desenvolverem externamente aos partidos comunistas tradicionais e ganhando uma dinâmica apreciável à custa de sua base social de apoio. Na sua idiossincrasia e coerência, concorde-se ou não, esta é a opção de Saramago, e merece todo o respeito!

## A DEMOCRACIA, A QUESTÃO PALESTINA, O IBERISMO

Sobretudo desde os tempos no *Diário de Notícias,* o escritor vem sendo acusado por setores da sociedade portuguesa de antidemocrata e stalinista. "A crença de Saramago na democracia é pois igual à que tinha há vinte, trinta ou quarenta anos — ou seja, nenhuma", escrevia, por exemplo, o editorialista de direita José António Saraiva no *Expresso* de 3 de abril de 2004. No rol de acusações, invariavelmente o caso dos saneamentos, o suposto totalitarismo do PREC, a conivência com os regimes do Leste e com o castrismo. Ressalvando o caso do apoio acrítico que indiscutivelmente faz parte do patrimônio histórico do PCP e da trajetória de Saramago, nenhuma dessas acusações tem fundamento.

Em 1974-1975, o escritor fez parte de um tempo em que o conflito social chegara aos extremos e os saneamentos foram um ato coletivo em defesa do processo revolucionário quando as bombas, os assassinatos e todas as violências estavam à solta contra as forças favoráveis ao PREC. O totalitarismo era o nome que todos os que queriam preservar a essência da exploração capitalista davam à democracia participativa e de base que camadas amplas do povo português construíam além dos meros formalismos representativos. Nos campos, nas empresas, nas escolas, nos bairros, nas municipalidades e nos próprios quartéis, essa era a dinâmica central, e não a ameaça de nenhuma ditadura de esquerda. A tomada do poder não conduzia necessariamente à reedição de regimes stalinistas e a intencionalidade autocrática do PCP é um mito, até porque seu núcleo rígido de dirigentes não tinha a linha do "assalto aos céus", em contraste com boa parte da base social de apoio do partido e do PREC.

Por seu lado, a relação de Saramago com o castrismo não se afina pelo mesmo padrão acrítico que parece sempre ter existido a propósito da perspectivação dos sistemas do Leste. Por acreditar que os substanciais avanços na educação, na saúde, na habitação, no pleno emprego e em outros direitos socioeconômicos se sobrepunham às liberdades democrático-formais ou até por considerar as recriminações aos regimes autoritários do Leste como exageros ou mesmo falsidades da propaganda ocidental, o conjunto da militância do PCP calou sempre a sua voz diante da denúncia da violação dos direitos humanos e das arbitrariedades aí inscritas. Em nome da verdade, Saramago não foi exceção à regra, e as brechas no silêncio cúmplice apenas se abririam seriamente quando as próprias massas do Leste derrubaram os regimes stalinistas. Essas revoluções populares visavam eliminar as opressões políticas, e não propriamente todo o sistema econômico-social, mas o resultado da restauração capitalista haveria de prevalecer em um contexto em que a destruição paulatina da maioria das conquistas históricas do "socialismo real" efetivou-se entre ilusões e protestos de uma consciência política atomizada e contundida por décadas de estatismo burocrático, repressor e desprovido de mecanismos de participação democrática dos trabalhadores. Entretanto, essa lição dada por uma súbita e inesperada aceleração da história se configuraria como antídoto diante do silêncio, e o direito à dissidência pública mesmo contra o que ou quem parece ser prova do socialismo possível e da resistência à voracidade do capital concentracionista deixou de ser tabu. Agora, parte da militância do PCP e o próprio Saramago já não poderiam perspectivar o castrismo acima de qualquer crítica ou suspeita.

E foi precisamente esse direito à dissensão em face de certos contornos atuais das suas referências históricas que o escritor exercitou pública e notoriamente em abril de 2003. No seguimento de processos jurídicos dúbios do regime castrista contra dissidentes políticos, que culminaram no fuzilamento de três pessoas que haviam sequestrado um barco para eventualmente rumar aos Estados Unidos, e em penas de prisão pesadas para mais de setenta oposicionistas, José Saramago escrevia um artigo no jornal espanhol *El País* no qual não poupava críticas a essa onda repressiva que lhe parecia um tanto desproporcional: "Cuba não ganhou nenhuma heroica batalha ao fuzilar estes três homens, perdeu sim a minha confiança, destruiu as minhas esperanças e defraudou as minhas expectativas [...]. Não creio que se tenha atuado sem deixar lugar a qualquer dúvida nestas penas recentes de onde saíram condenados a penas desproporcionadas cubanos dissidentes". (*El País*, 15 de abril de 2003)

Na verdade, não era esta a primeira vez que o autor manifestava reservas a atos da administração castrista. Em setembro de 1994, o escritor cubano Norberto Puentes não foi autorizado a sair da ilha para viajar ao Parlamento Internacional de Escritores que se realizaria em Lisboa, e Saramago deixou claro publicamente no segundo volume dos *Cadernos de Lanzarote* seu desagrado diante dessa ação censória do castrismo, em específico na anotação relativa a 24 de setembro de 1994. Porém, agora o desacordo tomava dimensões evidentes. A televisão castrista recriminou-o por opinar sem conhecimento de causa, o conhecido escritor uruguaio Mario Benedetti considerou exagerada a reação do colega português e o PCP ficou embaraçado em meio a toda essa celeuma.

No entanto, e ao contrário do que alguns pensam,

não se deu nenhuma ruptura total e irreversível entre Saramago e o regime cubano. O escritor não deixou nunca de condenar o bloqueio norte-americano à ilha. Voltaria lá de novo e assinaria um elucidativo manifesto junto a outros laureados com o Nobel e a outra centena de intelectuais em abril de 2005, no qual afirmava que em Cuba "não existiu um só caso de desaparecimento, tortura ou execução extrajudicial e onde, apesar do bloqueio, se alcançaram índices de saúde, educação e cultura reconhecidos internacionalmente". Acuado pelas conquistas históricas da Revolução Cubana e pelas contradições do regime castrista, que não podem ser reduzidas exclusivamente ao nocivo bloqueio estadunidense, Saramago não reincide agora nos "cheques em branco" e no silêncio de antes. E essa é certamente a posição de quem é progressista e democrata, não se calando mesmo quando a maioria dos colegas o faz.

Sendo assim, cremos que *Ensaio sobre a lucidez* não deve ser entendido como incriminação da democracia por um escritor que tem atrás de si um passado pouco compatível com ela e que pouco aprendeu dos ensinamentos da queda dos stalinismos, mas sim como a crítica construtiva de alguém que pretende resgatá-la da carcaça vazia em que está se transformando. Na denúncia do esgotamento dos mecanismos de legitimação dos governos recorrentemente sequestrados pelo poder financeiro concentrado, na aprendizagem do direito inalienável do pluralismo e na proposta de substancialização socioeconômica dos formalismos legais, esse romance era bem mais do que o folclore do "voto em branco" e acabava sobretudo por ser uma alegoria que deixa em aberto a utopia da democracia substancialista, mas também o pesadelo dos autocratismos e dos fascismos que espreitam por trás do *status quo*.

Sem amarras a compromissos com os grandes consensos em torno da atual democracia formalista ou de outro senso comum, e sem sequer ser manipulado por opiniões oficiais do seu partido de sempre, José Saramago tem expressado opiniões que se tornaram bastante polêmicas. Citemos apenas dois exemplos. A questão palestina e o iberismo.

Integrado a uma delegação do Parlamento Internacional de Escritores em missão de observação a Ramallah (Cisjordânia), Saramago comparou a ocupação militar do Exército israelita a Auschwitz. Era março de 2002 e a indignação estendeu-se imediatamente a toda a sociedade hebraica, havendo mesmo certo desagrado entre os membros do Parlamento Internacional de Escritores. Intelectuais de esquerda bastante adversos à política do governo de Ariel Sharon ficaram agastados. A venda dos livros do autor baixou para um décimo do montante normal em Israel. O escritor progressista Amos Oz escreveu então um inflamado artigo no diário *Yedioth Ahronoth*: "Quem não distingue os diferentes graus do mal converte-se em ferramenta do mal. A ocupação israelita é injusta, mas compará-la com os crimes dos nazis [nazistas] é como comparar Saramago a Stálin". E agregava que a interpretação lógica da postura de Saramago era que "deveria destruir-se Israel da mesma maneira que os aliados aniquilaram os nazis".

Impressionado pelo que vira em Ramallah, pela redução de Jenin a escombros devido à invasão das tropas hebraicas e pelo cerco infligido ao líder palestino Yasser Arafat, Saramago não voltou atrás nas declarações, mas esclareceria um pouco melhor sua polêmica analogia em entrevista ao *Público* em 29 de maio de 2002:

> Se a denominada comunicação social estivesse interessada em divulgar com verdade o que eu disse na Palestina, teria de informar que não comparei os fatos de Ramallah aos fatos de Auschwitz, mas sim o espírito de Auschwitz ao espírito de Ramallah... Já era então patente a qualquer pessoa a quem a prudência não fizesse fechar os olhos. Não sendo a prudência uma das minhas virtudes, limitei-me a antecipar o que o Exército israelita (esse que um grande intelectual judeu, o Prof. Leibowitz, no princípio dos anos 1990, classificou como judeo-nazi) não fez depois mais que confirmar. E se ainda há por aí quem tenha dúvidas, que consulte o "plano de paz" que Sharon levou a Bush para aprovação. Nele se contempla o reconhecimento de um Estado palestiniano sem capacidade militar e com o território reduzido, em que se criarão zonas de segurança para separar fisicamente israelitas e palestinianos. O "plano" prevê um acantonamento permanente de tropas nos territórios palestinianos, grades, vedações eletrificadas e portas de acesso, como as que atualmente

> separam Gaza de Israel. Não é preciso ser um lince de inteligência para perceber que a aplicação de um tal "plano de paz" transformará definitivamente o chamado território palestino num enorme campo de concentração...

Não importa se a comparação era ou não apropriada; esse caso ressaltava outra vez o caráter polêmico que cerca parte da intervenção cívica de Saramago e a visibilidade acrescida que o Nobel lhe dava.

Sem a carga mais dramática desse incidente, mas em corajosa oposição a toda uma história de identidade nacional diferenciadora e a um consenso esmagador, chegaria a público a entrevista ao *Diário de Notícias* de 15 de julho de 2007, na qual insistia em anteriores posições iberistas e era bem claro no jogo de perguntas e respostas:

> Qual é o futuro de Portugal nesta península? Não vale a pena armar-me em profeta, mas acho que acabaremos por integrar-nos. Política, económica ou culturalmente? Culturalmente, não, a Catalunha tem a sua própria cultura, que é ao mesmo tempo comum ao resto da Espanha, tal como a dos bascos e a galega, nós não nos converteríamos em espanhóis. Quando olhamos para a península Ibérica o que é que vemos? Observamos um conjunto, que não está partido em bocados

> e que é um todo que está composto de nacionalidades, e em alguns casos de línguas diferentes, mas que tem vivido mais ou menos em paz. Integrados, o que é que aconteceria? Não deixaríamos de falar português, não deixaríamos de escrever na nossa língua e certamente com 10 milhões de habitantes teríamos tudo a ganhar em desenvolvimento nesse tipo de aproximação e de integração territorial, administrativa e estrutural.

Desde *A jangada de pedra*, o escritor parecia ver no iberismo uma reação à absorção do espaço peninsular pela integração à CEE, e as relações umbilicais decorrentes da excelente recepção da sua obra na Espanha, do casamento com Pilar del Río e da mudança para Lanzarote vieram potencializar tal prisma, bem minoritário entre os portugueses. Muitas foram as vozes que se levantaram para acusar o escritor de favorecer a descaracterização da soberania e da identidade nacionais. De fato, e como bem lembrava Saramago, a perda de autonomia econômica, política e cultural se processava por intermédio da União Europeia e pela hegemonia do capitalismo anglo-saxônico, e não através do iberismo.

Era outra vez o Saramago polêmico, avesso ao consenso majoritário e criativo que estava em questão. Contudo, nem sempre o escritor tem estado na contramão do senso comum induzido pelo *statu quo* e ocasionalmente chega a assumir posições pouco compreensíveis à luz do marxismo em que se inscreve a sua visão de mundo. Por exemplo, o patrocínio do balanço positivo dos exercícios presidenciais de Mário Soares, o alinhamento a Zapatero e ao Partido Socialista Obrero Español (PSOE) na Espanha, a tendência para reduzir o problema basco ao unilateralismo da facção terrorista da ETA. Por mais respeitáveis que sejam certas razões de política conjuntural ou certos laços pessoais, não eram posições propriamente muito aceitáveis para a esquerda transformadora e combativa que resiste ao rotativismo em direção ao centro. Porém, ninguém está imune a contradições pontuais e a evoluções inesperadas. No fim, o traço mais característico que fica da intervenção cívica de Saramago não passa por aí, mas pela coerência de homem da esquerda anticapitalista que não abandonou as convicções quando muitos debandaram após os acontecimentos do Leste em 1989-1991.

## Os *Cadernos de Lanzarote*

Entre 15 de abril de 1993 e 31 de dezembro de 1997, José Saramago desvelava o seu cotidiano nos *Cadernos de Lanzarote*, de que chegaram a sair cinco volumes. Mais uma vez se ouviriam críticas e se estabeleceriam polêmicas. Porém, o que agora nos interessa não tem tanto a ver com isso, mas mais com certas ideias e asserções que neles apresentava de modo mais ou menos desenvolvido em torno do romance.

Por interessantes que possam ser, as reações aos *Cadernos de Lanzarote* ou as redes de relações não são aqui o mote. Essas anotações quase diárias estão repletas da vida social do escritor, dos prêmios, das viagens, das conferências, e como que ofuscam o trabalho ficcional propriamente dito em um quadro em que a notoriedade se sobrepunha já então à de todos os pares nacionais. As reações negativas não tardaram. Narcisismo, vaidade, obra menor e comentários semelhantes — tais foram as acusações lançadas. Em sentido contrário, Carlos Reis haveria de sublinhar que era natural Saramago referir sua notoriedade de criador reconhecido no âmbito internacional e ajustar assim recalcamentos de pares relativamente ignorados. Por sua vez, as simpatias e as aversões saramaguianas dentro do pequeno mundo literário português traziam em si sinergias conhecidas com Baptista-Bastos ou Urbano Tavares Rodrigues, outras menos esperadas com o "maldito" Luiz Pacheco, "anticorpos" em face de António Lobo Antunes, desencontros diante de Agustina Bessa-Luís ou Vergílio Ferreira, o ciúme "pessoano" de António Tabucchi, e incorporavam eventuais focos de polêmicas.

Contudo, voltemos a nos concentrar na literatura e no fazer literário propriamente dito. E nada melhor do que terminar esse itinerário biográfico de José Saramago com um conjunto de reflexões suas a propósito do gênero em que se consagrou.

Tais reflexões aparecem nos *Cadernos* sob a forma de anotações breves e inspiradas, mas também de maneira mais sistematizada em palestras e conferências que pronunciou pelo mundo afora e reutilizou nesses diários. Podem, portanto, ser igualmente perscrutadas em outros textos saramaguianos e encaradas como esboços para uma teoria do romance própria, talvez até mesmo da literatura. Todavia, surpreendê-las no calor quase confessional dos *Cadernos* equivale aqui a nosso desígnio essencial. A "homerização do romance", o retorno ao autor contra a substancialização do narrador e a relação ficção-história são as propostas em foco.

Em uma anotação referente a 4 de setembro de 1996, Saramago escreveu: "o que eu queria defender, mas não sei se me chegou a língua, era assim como uma espécie de homerização do romance, ideia minha antiga que de vez em quando regressa e que bem gostaria alguma vez de desenvolver melhor, se não me faltassem para isso as indispensáveis unhas ensaísticas". Pela leitura atenta dos *Cadernos* pode-se verificar que o escritor já tinha apresentado um pequeno ensaio no intuito de desenvolver um pouco essa proposta, e que vai transcrevê-lo na anotação diária de 1º de dezembro de 1997. Em novembro-dezembro de 1993, havia--o lido em discursos em Manchester e em Londres, e agora o repetia na Universidade de Brasília. À margem das teorizações literárias pós-modernas que remetem o romance para discursos fragmentários e sujeitos confinados a localizações específicas de "outros" incapazes de se encaixarem ao todo histórico-social ontológico, Saramago propunha algo bastante minoritário. Contra o tempo cristalizado e indefinido em um presente renitente às acelerações, o tempo poético da narrativa em abertura ao futuro que está no presente e não esquece o passado. Contra a especialização e o fragmento, a totalidade. Além do romance como gênero híbrido e multifacetado, o "lugar literário [...] capaz de receber, como um grande, convulso e sonoro mar, os afluentes torrenciais da poesia, do drama, do ensaio, e também da filosofia e da ciência, tornando-se expressão de um conhecimento, de uma sabedoria, de uma mundivisão, como o foram, para o seu tempo, os grandes poemas da antiguidade clássica".

Por outro lado, mas ainda em oposição às vozes dominantes na narratologia contemporânea, surge a questão da autonomia do narrador. Desde que certas versões de um estruturalismo imune à história e ao sujeito se impuseram sobretudo na década de 1960, a cisão entre o(s) narrador(es) e o(s) autor(es) tornou-se recorrente nos estudos literários, e nem sequer os pós-estruturalismos vieram questionar seriamente essa ortodoxia de haver uma entidade textual distinta e superior a quem efetivamente produz a obra. Saramago não hesita em afirmar que "a figura do narrador não existe [...] só o Autor exerce função narrativa real na obra de ficção". Na entrada de 9 de agosto de 1996, o escritor assume naturalmente a sua função de criador-profeta, transcreve parte de uma conferência que acabara de proferir nos conhecidos Cursos de Verão da Universidade Complutense de Madri e faz interrogações e afirmações dissonantes para um público letrado habituado ao dogma do narrador autônomo.

> A pergunta que me faço, e isto é que verdadeiramente mais me interessa, é se a atenção obsessiva prestada pelos analistas de texto a tão escorregadia entidade, propiciadora, sem dúvida, essa atenção de suculentas e gratificantes especulações teóricas, não estará contribuindo para a redução do Autor e do seu pensamento a um papel de perigosa secundarização na compreensão complexiva da obra.

No mesmo sentido, prosseguia: "E também me pergunto se a resignação ou a indiferença com que o Autor, hoje, parece aceitar a apropriação, por um Narrador academicamente abençoado da matéria, da circunstância e da função narrativa [...] não serão, essa resignação e essa indiferença, uma expressão mais, assumida ou não, e mais ou menos consciente, de um certo grau de abdicação de responsabilidades mais gerais". Exemplificava com o célebre dito de Flaubert "Madame Bovary *c'est moi*" e com as próprias obras: "Também eu [...] sou a Blimunda e o Baltasar de *Memorial do convento*, e em *O Evangelho segundo Jesus Cristo* não sou apenas Jesus e Maria Madalena, ou José e Maria, porque sou também o Deus e o Diabo que lá estão...". E concluía peremptoriamente: "Quanto ao Narrador, se depois disto ainda houver quem o defenda, que poderá ele ser senão a mais insignificante personagem de uma história que não é a sua?". Por trás do texto narrativo há essencialmente um autor, na sua particularidade, originalidade e também no que tem de coletivo social e nacional, mantendo assim relações com as concretudes em que se insere e não podendo ser o narrador irresponsabilizado à custa de suposta entidade textual autônoma.

Por último, a abordagem do chamado "romance histórico" vem esclarecer um pouco mais a posição de Saramago quanto a essa categoria muito aplicada às suas obras da década de 1980 e à qual ele sempre mostrou certa relutância, ainda quando estavam em causa obras como *Memorial do convento* ou *História do Cerco de Lisboa*. É na anotação referente a 28 de outubro de 1995 que essa categoria literária aparece explorada pelo escritor de maneira mais sistemática. Nela transcreve durante nove páginas uma conferência que dera então em Oslo e que intitulara "Contar a vida de todos e de cada um". Dela retiramos as seguintes notas interpretativas: o reconhecimento da dívida do seu fazer ficcional a historiadores do calibre de Georges Duby, Fernand Braudel e outros da *nouvelle histoire*; o tempo "informe e perdido" da sua ficção histórica é o das ínfimas vidas das massas anônimas em que o passado, o presente e o futuro se conjugam para a própria poética da obra; o narrador imparcial, objetivo e tendencialmente fiel à história como em certos romances históricos do século XIX não tem nada a ver com seu projeto ficcional; pelo contrário, este pede um narrador disseminado pela matéria narrativa como voz coletiva aberta à identificação do leitor e ao autor como lugar organizador do todo.

Em todas essas incursões a algo que poderíamos considerar como ensaios para uma outra teoria da literatura, Saramago abre brechas nos consensos dos atuais estudos literários. A pós-modernidade do fragmento, da pluralidade e da indeterminação esvai-se em uma proposta de "resumo" ficcional dotado de visão de mundo globalizante. A autonomia textual do narrador transmuta-se na figura do autor, a um tempo voz coletiva e individual de matéria muito além da mera intertextualidade.

O autor e suas obras estão comprometidos com a história e a sociedade, pois não são meras instâncias estéticas de mundos em compartimentos e, nas próprias formas artísticas, caminham para mais e melhor conhecer e transformar quem somos. No fundo, o escritor parece tomar para a teoria do romance um certo marxismo no sentido da perspectiva como totalidade crítica e transformadora, estética e social, sem otimismos fáceis nem partidarismos que não sejam os da descrença na estabilidade do existente. Seja ou não impertinente, aqui fica essa pista sobre as reflexões narratológicas de Saramago.

De resto, não fica por certo para a posteridade em função dos *Cadernos de Lanzarote* ou de tais reflexões, ainda que pertençam à mesma argamassa de que fez os seus romances. Fica essencialmente devido a razões literárias de renovação do gênero romanesco por um inusitado estilo de oralização da escrita e um reequacionamento do passado nacional pela ótica da *nouvelle histoire*, da "arraia-miúda"... Todo o resto veio daí, de *Levantado do chão* e de *Memorial do convento*, e foi em decorrência de tal singularidade recriadora na ficção que Saramago se tornou o que é.

## A Fundação José Saramago

Instituída em 29 de junho de 2007 e reconhecida oficialmente no *Diário da República* de 25 de fevereiro de 2008, essa fundação tem agora à sua guarda o valioso espólio de José Saramago, o que por si só a transforma em referência incontornável dos estudos saramaguianos em escala internacional. Presidida pela esposa, Pilar del Río, sediada na histórica Casa dos Bicos (Lisboa) e com centros na terra natal do escritor (Azinhaga, Golegã) e em Lanzarote (lá está instalada a biblioteca pessoal com mais de 15 mil volumes e o espólio), a Fundação pretende transcender o mero culto da personalidade ou a mera área da literatura:

> Nem por vocação, nem por opção nasceu a Fundação José Saramago para contemplar o umbigo do autor. Sendo assim, entre a vontade e o desejo, eis as minhas propostas:
>
> a) Que a Fundação José Saramago assuma, nas suas atividades, como norma de conduta, tanto na letra como no espírito, a Declaração Universal dos Direitos Humanos, assinada em Nova Iorque no dia 10 de dezembro de 1948.
>
> b) Que todas as ações da Fundação José Saramago sejam orientadas à luz deste documento que, embora longe da perfeição, é, ainda assim, para quem se decidir a aplicá-lo nas diversas práticas e necessidades da vida, como uma bússola, a qual, mesmo não sabendo traçar o caminho, sempre aponta o Norte.

c) Que à Fundação José Saramago mereçam atenção particular os problemas do meio ambiente e do aquecimento global do Planeta, os quais atingiram níveis de tal gravidade que já ameaçam escapar às intervenções corretivas que começam a esboçar-se no Mundo. Bem sei que, por si só, a Fundação José Saramago não poderá resolver nenhum destes problemas, mas deverá trabalhar como se para isso tivesse nascido. Como se vê, não vos peço muito, peço-vos tudo. [Saramago, *in* Declaração de Princípios]

Articulando-se com o *site* da Fundação, nasceu o conhecido *blog* no qual José Saramago faz uma espécie de reatualização dos Cadernos de Saramago sob a rubrica "O caderno de Saramago". Dia a dia faz ali pequenos comentários sobre o estado do mundo, a atualidade, a literatura, aspectos biográficos e os mais variados assuntos.

# Cronologia[1]

*1914-1918*

Primeira Guerra Mundial. As forças expedicionárias portuguesas participam em missões de combate no território francês. José de Sousa, o pai de José Saramago, desempenha nela função de artilheiro.

Em novembro de 1917 eclode a chamada Revolução de Outubro na Rússia.

*1920*

Nasce Francisco de Sousa, o primogênito de José de Sousa e Maria da Piedade.

---

1. Uma cronologia detalhada encontra-se em Fernando Goméz Aguilera, *José Saramago: a consistência dos sonhos. Cronobiografia*. Lisboa: Caminho, 2008. Em parte, foi usada aqui como trabalho de referência e deixamos, portanto, o reconhecimento expresso a essa obra inesquecível dos estudos saramaguianos.

*1921*

Em 19 de outubro de 1921, em Portugal, uma sublevação cívico-militar de esquerda radical abala a Primeira República. Na "noite sangrenta", o primeiro-ministro e vários outros ministros são assassinados pelos revoltosos.

Fundação do PCP.

*1922*

Em 16 de novembro, nasce José Saramago na freguesia da Azinhaga, Golegã. Para evitar uma multa, os pais alteram a data de nascimento para o dia 18 nos registros oficiais.

*1924*

A família muda-se para Lisboa, onde o pai da criança arranjara emprego na PSP. Apesar de tal mudança para Lisboa, Saramago conservaria laços bastante próximos com o mundo rural da Azinhaga durante a infância e a adolescência, passando nele longas temporadas em companhia dos avós maternos.

Em 22 de dezembro, o irmão Francisco morre de broncopneumonia.

*1926*

O golpe de 28 de maio põe fim à Primeira República e instaura uma ditadura militar no país.

*1927*

Levantamentos de civis e militares contra a ditadura. Em fevereiro, o Porto fica alguns dias sob domínio dos revoltosos, mas os bombardeios das forças governamentais levam à sua derrota e deixam cerca de quatrocentos mortos. Em Lisboa, o movimento faz-se sentir com menos intensidade. Nas suas memórias, Saramago guardaria o que crê ter sido o som dos estouros dos projéteis lançados de e contra um acampamento rebelde na zona de Castelo.

A revista *Presença* começa a ser publicada em Coimbra por José Régio, Gaspar Simões e Branquinho da Fonseca. Marca o início do chamado "segundo modernismo" na história literária portuguesa.

*1928*

Em abril de 1928, a criança foi internada com rinite e angina durante oito dias no Instituto Bacteriológico Câmara Pestana. Ao fato, Saramago associa uma de suas mais antigas recordações de infância.

*1929*

O menino frequenta um estabelecimento particular da rua Morais Soares, onde começa a aprender as primeiras letras.

*1930-1932*

Na Escola Primária da rua Martens Ferrão e na Escola Primária do Largo do Leão, faz da primeira à quarta séries no ensino oficial. Em 1931-1932, cometeu a proeza de concluir dois anos num único ano letivo.

No ato da matrícula para a primeira classe, a certidão de nascimento requerida à Conservatória do Registo Civil da Golegã e apresentada à escola revela que, afinal, o menino não tinha oficialmente o nome de José de Sousa, mas sim o de José de Sousa Saramago, devido a erro provavelmente intencional do funcionário que o registrara.

*1933-1934*

Nos anos letivos de 1933-1934 e 1934-1935, José Saramago frequentou o Liceu Gil Vicente (à época situado dentro do próprio Convento de São Vicente de Fora).

Em 18 de janeiro de 1934, greve geral fracassada e revolta dos operários vidreiros da Marinha Grande, que tomam conta da cidade e são bombardeados pelas forças governamentais.

Hitler institui a ditadura nazista depois de o seu partido ter ganho as eleições e a pretexto do incêndio do edifício do Parlamento em Berlim.

A *Mensagem* de Fernando Pessoa é preterida num concurso literário impulsionado no âmbito da "política do espírito".

*1935-1940*

Por motivos econômicos, Saramago abandona os estudos no Liceu Gil Vicente e vai para a Escola Industrial de Afonso Domingues, cujas mensalidades são mais baratas. Permanecerá lá nos anos letivos de 1935-1936 a 1939-1940, concluindo o curso de serralheiro mecânico.

Em 1936, os pais e ele mudam-se para um pequeno andar independente no número 11 da rua Carlos Ribeiro, em Penha de França. Pela primeira vez, a família vive sozinha em Lisboa depois de várias moradas partilhadas com outras pessoas, nas quais alugavam apenas partes de casas. Viveria aí até 1944.

Nos *Cadernos de Lanzarote*, Saramago alude à frequência ocasional da "sopa dos pobres" na igreja dos Anjos.

Em 1936, à época da instituição oficial da Mocidade Portuguesa, mostra aversão intuitiva à arregimentação dos jovens pelo regime e manobra discretamente para evitar o fardamento e instruções.

Em julho de 1936, levantamento dos fascistas sob as ordens de Franco contra o governo de esquerda legitimamente eleito na Espanha. Início da guerra civil que durará três anos. Saramago segue os acontecimentos pela rádio e pelos jornais até o momento em que intui ter apenas a seu dispor uma versão oficial e deturpada da evolução do conflito.

O pai de José Saramago ascende ao posto de subchefe na Polícia de Segurança Pública (PSP).

O jovem Saramago começa a frequentar assiduamente bibliotecas públicas, com destaque para a Biblioteca Municipal do Palácio Galveias, em Campo Pequeno. Contudo, seria na biblioteca da própria Escola Industrial de Afonso Domingues que viria a descobrir casualmente nas páginas da revista *Athena* o heterônimo pessoano Ricardo Reis, julgando durante algum tempo tratar-se realmente de um poeta de "carne e osso".

Em novembro de 1935, falece Fernando Pessoa.

Em 1939, Alves Redol publica o romance *Gaibéus*. Era o início de um período de cerca de quinze anos em que o neorrealismo dominaria a literatura portuguesa, sobretudo no domínio da ficção.

Em setembro de 1939 começa a Segunda Guerra Mundial.

Dataria provavelmente de 1940 o início do namoro de Saramago com Ilda Reis, à qual oferece os primeiros versos conhecidos.

*1941-1944*

Em 10 de novembro de 1941 é contratado como serralheiro mecânico para a área de oficinas dos Hospitais Civis de Lisboa (São José). Em 21 de novembro de 1942 passa a escrevente, nos mesmos Hospitais Civis de Lisboa, depois de um ano como operário.

Continua a frequentar para fins autodidáticos a Biblioteca Municipal do Palácio das Galveias, sobretudo à noite, após cumprir o horário de trabalho.

Em 1942, vem a público a antologia pessoana de Adolfo Casais Monteiro. Mais do que a edição das *Obras completas* da Ática, seria graças a essa antologia que a poesia de Fernando Pessoa se tornaria mais popular nas novas gerações cultas.

Em 1944, casa-se com Ilda Reis.

Nesse mesmo ano, vai trabalhar para a Caixa de Abono de Família do Pessoal da Indústria da Cerâmica.

*1945-1946*

Dando continuidade a um impulso para a escrita que parece ter começado ainda em 1944, Saramago escreve recorrentemente poesia. Conservam-se mais de quarenta poemas inéditos e datilografados dessa época.

Fim da Segunda Guerra Mundial com a derrota do nazifascismo.

Manifestações de massas de regozijo em Portugal pelo fim do conflito e pela vitória das forças aliadas. Esperanças de democratização e conformação do Movimento de Unidade Democrática (MUD).

Com a I Exposição Geral de Artes Plásticas, os neorrealistas começam também a dominar o panorama da pintura nacional. Entretanto, as obras de Alves Redol, Soeiro

Pereira Gomes, Carlos de Oliveira, Mário Dionísio, Manuel da Fonseca, Fernando Namora e outros asseguravam a essa corrente literária de inspiração marxista o controle indiscutível da literatura nacional, sobretudo no romance.

*1947*

José Saramago publica o romance *Terra do pecado* pela Editorial Minerva. Escrito num estilo anacrônico que remetia ao realismo-naturalismo do Oitocentos, o livro passou despercebido.

Nasce Violante Saramago, a única filha de José Saramago.

Constituição do Grupo Surrealista de Lisboa.

*1948*

Morte de Jerónimo Melrinho, o avô materno a quem Saramago viria consagrar uma crônica em *A Capital* e evocaria ainda, entre outras ocasiões, no discurso pronunciado por ocasião do Prêmio Nobel em Estocolmo.

*1949*

Campanha antirregime do general Norton de Matos para a presidência da República com o apoio de amplos setores de massas. Na ausência de condições mínimas de equidade do ato eleitoral, a candidatura desiste de ir às urnas. A ditadura salazarista intensifica a repressão sobre os oposicionistas, prendendo, entre muitos outros, o líder comunista Álvaro Cunhal.

José Saramago, que não parece ter se envolvido ativamente nos meios oposicionistas, vê-se compelido a deixar o emprego na Caixa de Abono de Família do Pessoal da Indústria da Cerâmica por desavenças de caráter político com um pequeno títere fascista.

Atividades públicas e textos dos surrealistas portugueses com Cesariny à frente do movimento.

*1950-1954*

Arranja emprego na Caixa de Previdência do Pessoal da Companhia Previdente. Trabalharia lá até 1959.

Depois de *Terra do pecado*, Saramago continuou a escrever e a publicar. Romances, contos, poesia e até teatro. A maioria ficaria inédita e incompleta, mas publicaria alguns contos em revistas prestigiadas à época, como a *Seara Nova* e a *Vértice*. Em 1953, entregaria para publicação o romance *Claraboia*, mas não obteve resposta da Empresa Nacional de Publicidade e cairia no esquecimento. Provavelmente, esse fracasso teria tido influência no fato de Saramago ter então suspendido o afã de escrever e publicar.

Em 1953, Agustina Bessa-Luís publica *A sibila* com êxito de crítica e público. Primeiro sintoma da decadência do domínio dos neorrealistas no romance português.

No mesmo ano, Carlos de Oliveira renova a ficção neorrealista com *Uma abelha na chuva*.

*1955-1959*

Em 1955, conheceria por acaso o crítico musical Humberto d'Ávila, e isso conduziria Saramago ao contato com o diretor literário da Editorial Estúdios Cor, com o conhecido antifascista Fernando Piteira Santos e com os meios neorrealistas.

Começa a colaborar parte do tempo com a Editorial Estúdios Cor.

Entre 1955 e 1958, traduziu seis obras do francês para o português para as edições Europa-América.

Também em 1955, muda-se para Parede, onde ficaria até 1970.

Em 1958, campanha do general Humberto Delgado contra o regime salazarista ganha amplos setores da população portuguesa. Embora ao tempo Saramago frequentasse reuniões do grupo da *Seara Nova* e tivesse já havia anos, uma clara consciência antifascista, não parece ter tido nenhum papel mais ativo no âmbito das redes de apoio a Humberto Delgado.

Em 1959, Nataniel da Costa, o diretor literário da Editorial Estúdios Cor, convida Saramago para substituí-lo localmente à frente da editora, pois está de partida para a França e confia nele para uma parceria informal na direção literária da empresa.

A Revolta da Sé, contra o salazarismo, rebenta em Lisboa (1959). Também em 1959, eclode a Revolução Cubana, que acabaria por levar à expropriação da burguesia local e das empresas estrangeiras, designadamente as estadunidenses.

*1960-1965*

Por intermédio do trabalho na Editorial Estúdios Cor, mantém correspondência com Jorge de Sena, Adolfo Casais Monteiro, Fernando Namora, Urbano Tavares Rodrigues e outros nomes já então relevantes no panorama literário português.

Em 1961, sai *Filho do homem*, livro de poemas de José Régio que Saramago considera relevante para ter voltado a escrever poesia.

A 13 de maio de 1964, morre o pai de José Saramago.

Os anos de 1961 e 1962 revelam-se decisivos para a fragilização da ditadura salazarista: início da guerra colonial na África; assalto de revoltosos ao Quartel de Beja; sequestro do paquete *Santa Maria*; greve vitoriosa dos assalariados agrícolas alentejanos; crise acadêmica.

Francisco Martins Rodrigues protagoniza a primeira ruptura de esquerda até então verificada no PCP e cria o primeiro grupo maoista no país.

A poesia experimental torna-se a máxima expressão da escrita de vanguarda nos meios literários portugueses, sendo Ernesto de Melo e Castro o seu principal mentor. Por seu turno, a ficção começa a ser invadida pela onda do "novo romance" com nomes como Almeida Faria, Artur Portela Filho ou Alfredo Margarido.

Alves Redol publica *Barranco de cegos* (1962).

*1966*

Depois de quase vinte anos sem publicar nenhum livro, Saramago publica *Os poemas possíveis* pela Portugália Editora, na prestigiada coleção Poetas de Hoje.

*1967/1968*

Saramago faz crítica literária na revista *Seara Nova*.

Em setembro de 1968, começa a escrever regularmente crônicas para o jornal *A Capital*.

Viaja pela primeira vez para o exterior. Primeiro, a Paris. Depois iria à Espanha, Itália e Inglaterra.

Na França, a rebelião de maio de 68 extravasa parcialmente o tradicional enquadramento do movimento de massas francês pelo PCF e ocorre o fortalecimento de várias correntes de extrema esquerda.

Invasão da Checoslováquia por forças militares soviéticas.

*1969*

Falece a sua avó materna, Josefa Caixinha, a quem viria consagrar uma crônica em *A Capital* e evocaria, entre outras ocasiões, no discurso pronunciado por ocasião do Prêmio Nobel em Estocolmo.

Entra para a militância no então clandestino PCP.

Crise acadêmica em Coimbra. O governo militariza a cidade.

"Primavera Marcelista" introduz reformas no regime.

Primeiro núcleo trotskista no país.

*1970-1973*

Publica o livro de poemas *Provavelmente alegria* (1970). Crítica a essa obra nas páginas da prestigiada revista *Colóquio* por António Ramos Rosa.

Dá à estampa as obras de crônicas *Deste mundo e do outro* (1971) e *A bagagem do viajante* (1973), ambas reunindo textos da sua atividade em *A Capital* e no *Jornal do Fundão*.

Em 1970, divorcia-se de Ilda Reis. Sai de Parede e vai viver novamente em Lisboa. Relacionamento com a escritora Isabel da Nóbrega.

Em 1971, abandona a Editorial Estúdios Cor.

Entre 1972 e 1973, trabalha como editorialista no *Diário de Lisboa*.

Em 1973, participa ativamente no III Congresso da Oposição Democrática (Aveiro).

Fundação do Movimento Reorganizativo do Partido do Proletariado (MRPP) (1970), no qual milita Violante Saramago, sua filha.

*1974-1975*

Publica *As opiniões que o DL teve*, em que reúne os editoriais escritos para o *Diário de Lisboa*.

Dá à estampa o livro de poesia *O ano de 1993*.

Após a Revolução dos Cravos, trabalharia para o Ministério da Educação no âmbito do Fundo de Apoio aos Organismos Juvenis (FAOJ) e para o Ministério da Comunicação Social.

O golpe antifascista da oficialidade militar transforma-se automaticamente em movimento operário-popular de massas. Governos de unidade nacional com a participação do PCP revelam-se incapazes de controlar uma dinâmica revolucionária de greves e ocupações de casas, terras e empresas.

Em 28 de setembro de 1974 e em 11 de março de 1975 eclodem golpes da direita reacionária para reverter o chamado Processo Revolucionário em Curso (PREC). Após a derrota do último desses golpes, o PREC acelera-se vertiginosamente: a banca, os seguros e as principais empresas monopolistas são nacionalizados; o número de empresas e terras ocupadas sob controle dos trabalhadores aumenta bastante, conformando-se a reforma agrária; desagregação dos militares com fortes divisões no Movimento das Forças Armadas (MFA) e com o aparecimento de organismos embrionários de duplo poder nos quartéis.

No "Verão Quente" de 1975, o PS e a direita mobilizam setores amplos da população contra o que consideram ser a ameaça da ditadura comunista. O "caso República" dá oportunidade às primeiras manifestações de massas desse bloco anti-PREC. Vaga terrorista contra sedes e militantes do PCP, da extrema esquerda e dos sindicatos provoca vários mortos e centenas de feridos. O V Governo de Vasco

Gonçalves cai. O golpe contrarrevolucionário de 25 de novembro de 1975 triunfa e marca o fim do PREC.

Saramago, que fora nomeado diretor adjunto do *Diário de Notícias* em 9 de abril de 1975 e que nele permaneceria até o golpe de 25 de novembro, é acusado de instrumentalizar o jornal a serviço do PCP e do "gonçalvismo". Em agosto, um grupo de 24 jornalistas é saneado do *Diário de Notícias* em um plenário, pelos trabalhadores, que os acusam de atividades contrarrevolucionárias.

*1976*

Publica *Os apontamentos*, em que reúne as crônicas políticas escritas no ano anterior no *DN*.

"Queimado" pelo apoio ao gonçalvismo e sem ajuda por parte do PCP, cuja direção desaprovara o seu papel no *DN*, Saramago decide viver de traduções e dedicar-se à escrita, correndo o risco de não ter emprego estável.

*1977-1979*

Volta ao romance com a publicação de *Manual de pintura e caligrafia* (1977) pela Moraes Editora. O livro passa despercebido pela crítica e vende pouco.

Sai o livro de contos *Objecto quase* (1978).

Pela primeira vez, publica uma peça de teatro, *A noite* (1979). Agora a editora passou a ser a Caminho. A obra valeu-lhe o primeiro prêmio da carreira.

Escreve artigos para a revista *Seara Nova*, para o jornal *Extra* e também para o órgão oficioso do PCP, *O Diário*.

Em 1977, passa alguns meses em uma unidade coletiva de produção (UCP) alentejana, em Lavre (Montemor-o-Novo). O material e as entrevistas aí recolhidos serviriam de base para o seu romance *Levantado do chão*.

Ofensiva do PS e da direita contra a reforma agrária provoca distúrbios e atentados, sobretudo no Alentejo. Dois assalariados agrícolas são assassinados pela Guarda Nacional Republicana na zona de Montemor-o-Novo.

Governo PS-CDS sob a direção de Mário Soares. Maioria absoluta da Aliança Democrática (AD).

*1980-1981*

Em fevereiro de 1980, publica *Levantado do chão* pela Caminho. A obra, que as editoras Bertrand e Moraes haviam recusado, inaugura o chamado "estilo saramaguiano" e torna-se o primeiro êxito de público e de crítica do autor.

*Levantado do chão* ganha o Prêmio Cidade de Lisboa, primeiro prêmio literário realmente importante recebido por Saramago. Também em 1980 publica a peça de teatro *Que farei com este livro?*, baseando-se em uma recriação dos últimos tempos da vida de Camões.

Em 1981, lança *Viagem a Portugal*, obra encomendada pelo Círculo de Leitores e com uma tiragem bastante elevada, de 30 mil exemplares.

O PCP ultrapassa a fatia de 20% dos votos nas legislativas.

*1982-1983*

Publica *Memorial do convento*, por muitos considerada a sua obra-prima. Com mais de dez edições e 50 mil exemplares vendidos em apenas dois anos, o livro se torna um *best-seller* e é igualmente acolhido com entusiasmo por quase toda a crítica literária. A obra receberia os prêmios literários do PEN Club e do Município de Lisboa.

Em 8 de agosto de 1982 ocorre o falecimento da mãe do escritor.

Traduções alemã e russa de *Levantado do chão*.

*1983-1984*

Publica *O ano da morte de Ricardo Reis* (1984). O romance receberia o Prêmio Dom Dinis, da Fundação Casa de Mateus, e o do PEN Club Português.

É premiado pelo conjunto da obra pelo Centro Português de Críticos Literários.

Tradução na Itália de *Memorial do convento* marca a entrada de Saramago no mercado desse país.

*1985-1986*

Sai o romance *A jangada de pedra*, com uma tiragem invulgar de 40 mil exemplares.

Primeira tradução em castelhano de uma obra de Saramago (*O ano da morte de Ricardo Reis*).

Primeira tradução em inglês de uma obra de Saramago (*Memorial do convento*), pela editora estadunidense Harcourt Brace.

O escritor intensifica o ritmo de conferências, colóquios e apresentações no estrangeiro.

Saramago e Isabel da Nóbrega terminam o relacionamento. Meses depois, em 14 de junho de 1986, conhece a jornalista espanhola Pilar del Río, com a qual viria a se casar.

Portugal entra para a CEE.

*1987-1989*

Lançamento da peça *A segunda vida de Francisco de Assis* (1987).

Publica o romance *História do Cerco de Lisboa* (1989).

Recebe um primeiro prêmio internacional, na Itália, por *O ano da morte de Ricardo Reis*.

Em 29 de outubro de 1988, Saramago casa com Pilar del Río.

Primeira obra inteiramente dedicada a Saramago: *O essencial sobre José Saramago*, da reputada professora universitária Maria Alzira Seixo (1987).

Primeira maioria absoluta de Cavaco Silva. O PCP perde quase metade do eleitorado. Diante disso e das reformas de Gorbachev na União Soviética, o conflito interno instala-se no seio do PCP com o chamado grupo da "Terceira Via". Saramago apoia de modo parcial esse grupo, mas não contesta abertamente a linha da direção de Álvaro Cunhal.

Em 1989, é eleito nas listas unitárias Por Lisboa para a Assembleia Municipal de Lisboa e preside esse órgão durante breves meses antes de se demitir, em atrito com o aparelho do PCP. Nunca mais o escritor assumiria papel ativo como quadro com responsabilidades partidárias.

Movimentos de massas nos países ditos "comunistas" derrubam os regimes de caráter stalinista. O neoliberalismo, que já vinha sendo aplicado em escala internacional, ganha maior impulso e impõe-se um "pensamento único" baseado na absolutização do mercado. Francis Fukuyama torna-se conhecido com a sua tese do "fim da história". O movimento comunista internacional entra em crise. A social-democracia europeia gira ainda mais à direita.

*1990-1994*

Publica *O Evangelho segundo Jesus Cristo* (1991). Em abril de 1992, o governo do PSD veta a candidatura do romance para o Prêmio Literário Europeu. Segundo Sousa Lara, da Secretaria de Estado da Cultura, então dirigida por Santana Lopes, o livro seria ofensivo para o catolicismo do povo português. A polêmica chega ao Parlamento nacional e às mais altas instâncias da Comunidade Europeia.

O livro ganha o Grande Prêmio de Romance e Novela da Associação Portuguesa de Escritores, então o mais importante dos que eram dados em Portugal para uma única obra e para o qual, havia dez anos, o nome de Saramago aparecia recorrentemente entre os favoritos.

O escritor aceita renitente o prêmio e doa o montante para a compra de livros destinados à África lusófona.

A convite da municipalidade alemã de Münster, escreve e publica a peça *In Nomine Dei* (1993).

Em 1994, começa a editar os *Cadernos de Lanzarote*. Entre 1994 e 1998, o escritor editaria os cinco volumes desse diário, importante para compreender a sua biografia e obra.

Em maio de 1990, Azio Corghi estreia uma versão para ópera de *Memorial do convento* no Teatro alla Scala de Milão.

Em fevereiro de 1993, muda-se para a Ilha Canária de Lanzarote, na Espanha.

Em 1992 e 1993, recebe dois prêmios literários na Itália e um na Inglaterra.

Em 1991, dá-se a segunda maioria absoluta do PSD. O PCP está reduzido a uma votação historicamente baixa, com menos de 8%. Nesse ano, ocorre a Primeira Guerra do Golfo.

Em agosto de 1991, a linha dura do stalinismo soviético tenta um golpe militar em Moscou, fracassando. Dissolução do PCUS e da União Soviética.

Em meados e fins de 1994, os incidentes na Ponte 25 de Abril e as ações radicais dos vidreiros da Marinha Grande sinalizam o fim do cavaquismo.

Revolta zapatista no estado mexicano de Chiapas (1994).

*1995-1998*

Publica *Ensaio sobre a cegueira* (1995), cujo estilo alegórico e profundamente pessimista inaugura um novo ciclo na sua obra. Nesse mesmo ano, ganha o Prêmio Camões pelo conjunto da obra. Esse é o prêmio mais importante nos países de língua portuguesa.

Publica *Todos os nomes* (1997).

A partir de 1995, seu nome começa a circular insistentemente como provável vencedor do Nobel. Em 1997, fontes da Real Academia Sueca asseguram que a decisão final esteve entre o vencedor Dario Fo e o próprio Saramago. Em outubro de 1998, Saramago ganha o Prêmio Nobel da Literatura, tornando-se o primeiro e único escritor de língua portuguesa a obter tal distinção.

Derrota do PSD e vitória do PS nas legislativas de outubro de 1995.

Termina o cavaquismo.

Em fins de 1995, uma greve generalizada de cerca de 2 milhões de trabalhadores dos transportes, de funcionários públicos e de setores localizados do "privado" semiparalisa a França durante três semanas, obrigando o governo francês a recuar na reforma neoliberal para aumentar a idade do acesso às pensões por parte dos trabalhadores.

*1999-2004*

Em 1999, publica *Folhas políticas. 1976-1998*.

Lançamento de *A caverna* (2000), o primeiro romance do autor após o Nobel.

Sai *O homem duplicado* (2002).

Dá à estampa *Ensaio sobre a lucidez* (2004), numa tiragem inicial de 100 mil exemplares, problematizando o esgotamento da democracia formal tomada pelo poder econômico internacional.

Em dezembro de 1999, vai a Chiapas para manifestar publicamente o apoio aos zapatistas do EZLN. Voltaria ao México, desta feita à capital, para apoiar a marcha zapatista de março de 2001.

Em 1999, o autor recusa um doutoramento *honoris causa* no estado brasileiro do Pará, pois considera que o governo desse estado reprime os camponeses do MST.

Em novembro de 1999, revolta do "povo de Seattle" contra a globalização neoliberal. Produzindo-se no próprio coração do imperialismo norte-americano, marcava uma reviravolta na hegemonia planetária do "pensamento único".

Em fevereiro e março de 2003, a mobilização mundial contra a Segunda Guerra do Golfo ganha a opinião pública contra os falsos argumentos belicistas de George Bush, Blair, Berlusconi, Aznar e Durão Barroso. Os números chegam a apontar além de 20 milhões de manifestantes num único dia.

Na Espanha, mais de 80% da população está contra a guerra e o apoio de Aznar a ela. Numa manifestação de meio milhão de pessoas em Madri, Saramago a encabeça e lê o manifesto unitário do ato.

Em março de 2002, compara a situação da Palestina ocupada ao holocausto nazista, suscitando uma viva polêmica na imprensa internacional.

Em abril de 2003, em artigo publicado no jornal espanhol *El País*, Saramago critica duramente o regime cubano devido ao fuzilamento de três cidadãos que haviam sequestrado um barco para rumar aos Estados Unidos e a processos jurídico-políticos dúbios contra mais de setenta dissidentes anticastristas.

*2005-2009*

Publica o romance *As intermitências da morte* (2005).

Num ato que reúne mais de 2 mil pessoas na sua aldeia natal, a Azinhaga, Saramago lança o livro *As pequenas memórias*, no qual relembra sua vida até a idade de catorze anos.

A Fundação José Saramago é instituída em 29 de junho de 2007.

No outono de 2007, Saramago é hospitalizado durante alguns meses com grave problema de saúde, chegando a se temer o pior.

A exposição "La Consistencia de los Sueños" é inaugurada em 20 de novembro de 2007 na Fundação César Manrique, em Lanzarote, sendo até hoje a mais importante acerca do escritor e apresentando algumas novidades essencialmente atinentes à obra do jovem Saramago. Em 2008 e 2009, seria apresentada em Lisboa e São Paulo.

Sai o romance *A viagem do elefante* (2008).

Versão cinematográfica de *Ensaio sobre a cegueira*, pelo brasileiro Fernando Meirelles (2008).

É publicado o romance *Caim* (2009).

# Bibliografia

## Obras de José Saramago[1]


*Terra do pecado*. Lisboa: Minerva, 1947.

*Poemas possíveis*. Lisboa: Portugália, 1966.

*Provavelmente alegria*. Lisboa: Horizonte, 1970.

*Deste mundo e do outro*. Lisboa: Arcádia, 1971.

*A bagagem do viajante*. Lisboa: Futura, 1973.

*As opiniões que o* DL *teve*. Lisboa: Seara Nova/Futura, 1974.

*O ano de 1993*. Lisboa: Futura, 1975.

*Os apontamentos*. Lisboa: Seara Nova, 1976.

*Manual de pintura e caligrafia*. Lisboa: Moraes, 1977.

*Objecto quase*. Lisboa: Moraes, 1978.


---

1. Mencionamos apenas as obras principais. Fogem do escopo desta obra os múltiplos materiais que José Saramago publicou em revistas, jornais e outros lugares sob a forma de contos, poemas, artigos de opinião ou ensaios.

*A noite*. Lisboa: Caminho, 1979.
*Levantado do chão*. Lisboa: Caminho, 1980.
*Que farei com este livro?*. Lisboa: Caminho, 1980.
*Viagem a Portugal*. Lisboa: Círculo de Leitores, 1981.
*Memorial do convento*. Lisboa: Caminho, 1982.
*O ano da morte de Ricardo Reis*. Lisboa: Caminho, 1984.
*A jangada de pedra*. Lisboa: Caminho, 1986.
*A segunda vida de Francisco de Assis*. Lisboa: Caminho, 1987.
*História do Cerco de Lisboa*. Lisboa: Caminho, 1989.
*O Evangelho segundo Jesus Cristo*. Lisboa: Caminho, 1991.
*In Nomine Dei*. Lisboa: Caminho, 1993.
*Cadernos de Lanzarote. Diário — I*. Lisboa: Caminho, 1994.
*Ensaio sobre a cegueira*. Lisboa: Caminho, 1995.
*Cadernos de Lanzarote. Diário — II*. Lisboa: Caminho, 1995.
*Cadernos de Lanzarote. Diário — III*. Lisboa: Caminho, 1996.
*Todos os nomes*. Lisboa: Caminho, 1997.
*Cadernos de Lanzarote. Diário — IV*. Lisboa: Caminho, 1997.
*Cadernos de Lanzarote. Diário — V*. Lisboa: Caminho, 1998.
*Folhas políticas (1976-1998)*. Lisboa: Caminho, 1999.
*Discursos de Estocolmo*. Lisboa: Caminho, 1999.
*A caverna*. Lisboa: Caminho, 2000.
*O homem duplicado*. Lisboa: Caminho, 2002.
*Ensaio sobre a lucidez*. Lisboa: Caminho, 2004.
*Don Giovanni ou o dissoluto absolvido*. Lisboa: Caminho, 2005.
*As intermitências da morte*. Lisboa: Caminho, 2005.

*As pequenas memórias*. Lisboa: Caminho, 2006.
*A viagem do elefante*. Lisboa: Caminho, 2008.
*Caim*. Lisboa: Caminho, 2009.

## Bibliografia essencial sobre a obra e a vida[2]

AGUILERA, Fernando Goméz. *José Saramago: a consistência dos sonhos. Cronobiografia*. Lisboa: Caminho, 2008.

ARIAS, Juan. *José Saramago: o amor possível*. Lisboa: Dom Quixote, 2000. Trad. portuguesa.

BASTOS, Baptista. *José Saramago: aproximação a um retrato*. Lisboa: Dom Quixote, 1996.

COSTA, Horácio. *José Saramago: o período formativo*. Lisboa: Caminho, 1998.

REIS, Carlos. *Diálogos com José Saramago*. Lisboa: Caminho, 1998.

---

2. Não se referem aqui as variadíssimas obras mais especializadas que autores como Maria Alzira Seixo, Teresa Cristina Cerdeira da Silva, Beatriz Berrini e outros têm consagrado à obra de Saramago. Menos ainda são do escopo desta obra os muitos artigos produzidos tanto no âmbito acadêmico quanto fora dele.

Também não mencionamos aqui sob forma bibliográfica mais clássica uma série de números especiais de homenagem de revistas e jornais que se seguiu à atribuição do Prêmio Nobel. São materiais relevantes para a aproximação à obra e ao homem que podem ser facilmente encontrados em bibliotecas públicas ou que estão disponíveis *on-line*. Os principais saíram entre outubro de 1998 e janeiro de 1999, e foram publicados pela *Visão*, pelo *JL*, pela *Colóquio-Letras* e pela *Revista Camões*.

SEIXO, Maria Alzira. *O essencial sobre José Saramago*. Lisboa: INCM, 1987.

SILVA, João Céu e. *Uma longa viagem com José Saramago*. Porto: Porto Editora, 2009.

VENÂNCIO, Fernando. *José Saramago, a luz e o sombreado*. Porto: Campo das Letras, 2000.

Este livro foi composto em
ITC Garamond para a Texto Editores Ltda.
em maio de 2010.